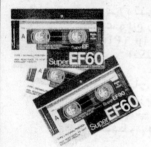

اشرف الکتابی، حسن، ۱۳۴۶ -

انگلیسی در سفر "کتاب دوم" = English on trip (Plus) / تدوین و گردآوری حسن اشرف الکتابی.ـ تهران: استاندارد

۲۰۸ ص.: مصور، جدول.ـ (... مجموعه کتابهای آموزش زبان)

ISBN 964-6255-11-6

فهرستنویسی بر اساس اطلاعات فیپا .

عنوان روی جلد :انگلیسی در سفر "کتاب دوم" = English on trip (Plus) : مکالمات و اصطلاحات روزمره انگلیسی، دوره متوسطه و پیشرفته با ترجمه ...

۱.زبان انگلیسی -- مکالمه و جمله‌سازی -- فارسی. ۲.زبان انگلیسی -- خودآموز . ۳.زبان انگلیسی -- اصطلاحها و تعبیرها . ۴.زبان انگلیسی -- تلفظ. الف.عنوان.

PE۱۱۳۱/الف۱۵۴الف۱۸۲   فا ۴۲۸/۲۴

کتابخانه ملی ایران   ۱۳۳۸۴- ۷۸م

انتشارات استاندارد

تهران، روبروی دانشگاه تهران، خیابان ۱۲ فروردین، خیابان شهدای ژاندارمری، پلاک ۲۴۲ ☎ ۶۹۵۱۱۴۲
تهران - صندوق پستی ۳۳۸ - ۱۳۱۴۵

انگلیسی در سفر (کتاب دوم «دورهٔ متوسط و پیشرفته»)

گردآوری و تدوین :حسن اشرف‌الکتّابی
طرح روی جلد   :حسن اشرف‌الکتّابی
حروفچینی   :مؤسسه امید
لیتوگرافی و چاپ   :دیبا
صحافی   :خیام
چاپ سی و هشتم   :۱۳۸۷
تیراژ   :۲۰۰۰۰ جلد
قیمت   :۲۵۰۰ تومان
شماره ثبت اثر   :۸۱۳۹

ISBN 964 - 6255 - 11 - 6   شابک ۶ ـ ۱۱ ـ ۶۲۵۵ ـ ۹۶۴

انگلیسی در سفر (کتاب دوّم)

ENGLISH ON TRIP (PLUS)

به‌نام خدا

مقدمه

کتاب حاضر کتاب دوّم «انگلیسی در سفر» می‌باشد که در قالب جدید، جملات گفتاری، مطالب مختلف و متنوع موردِ نیاز مسافرین و علاقه‌مندان به دیدار از انگلستان و دیگر کشورهای انگلیسی زبان را ارائه می‌کند. این اثر که دورهٔ متوسط و پیشرفتهٔ گفتگوهای روزمرهٔ انگلیسی است، زبان آموزان را در موقعیت‌های گوناگونی که در سفر به کشور یا کشورهای خارجی با آنها روبرو می‌شود، مثل رفتن به دانشگاه، گفتگو در پارک و ... قرار می‌دهد و نیازهای زبانی این موقعیت‌ها را به او آموزش می‌دهد. یکی از شیوه‌های آموزش این کتاب استفاده از جملات الگویی پایه و مادر است. این جمله‌ها در شرایط مختلف ثابت است و تکرار می‌شود، امّا جای یک کلمه یا عبارتی که بنابر نیازها و موقعیت‌ها تغییر می‌کند و نقطه‌چین خالی گذاشته شده است تا زبان آموز با تکرار این جملات الگویی و استفاده از واژه‌های مختلف، نیازهای زبانی خود را در موقعیت‌های گوناگون برآورده سازد. در ضمن تلفظ هر کلمهٔ انگلیسی با استفاده از الفبای فارسی در زیر یا در مقابل هر واژه آورد شده است. شاید این پرسش به ذهن بیاید که چرا از الفبای بین‌المللی آوانویسی که امروزه انگلیسی‌ها برای تلفظ واژه‌ها بکار می‌گیرند استفاده نشده و در عوض با استفاده از الفبای فارسی، تلفظ واژه‌ها نوشته شده است. در پاسخ باید بگوییم که فکر می‌کنیم استفاده از الفبای بین‌المللی آوانویسی آنچنان مورد استفادهٔ مخاطب این کتاب نیست و از اینرو تلفظ واژه‌ها را با استفاده از الفبای فارسی ذکر کرده‌ایم. امیدواریم که در این باره درست اندیشیده باشیم و این کار ما بتواند در عمل سودمند واقع شود. ترجمهٔ کلمات و جملات با دقّت انجام شده و علاوه بر رعایت امانت، تفاوت‌های ساختاری دو زبان نیز مدنظر بوده است و در این کار، پاسداری از

زبان فارسی را وظیفهٔ خود دانسته‌ایم.

نیک می‌دانیم که این اثر خالی از لغزش و اشتباه نیست و از استادان، خوانندگان و علاقه‌مندان عزیز درخواست می‌کنیم که مؤلف را در تصحیحَ اشتباهات و لغزش‌ها یاری فرمایند و از طرق آدرس ناشر با ما مکاتبه کنند تا در چاپ‌های بعدی این اشتباهات و لغزش‌ها اصلاح شود. در پایان وظیفهٔ خود می‌دانیم تا از سرکار خانم منیرالسادات سیدکردستانچی و جناب آقای صابر شیبانی که ما را در تدوین، خانم علیزاده و واحد حروف‌چینی مؤسسه امید که ما را در ارائه بهتر این اثر یاری داده‌اند سپاسگزاری نماییم.

واحد تحقیقات و پژوهش انتشارات استاندارد

حسن اشرف الکتابی

Welcome!

CONTENTS

فهرست

ENGLISH ALPHABET

الفبای انگلیسی

زبان انگلیسی ۲۶ حرف دارد که به چهار نوع، یعنی حروف چاپی بزرگ و کوچک و حروف تحریری بزرگ و کوچک تقسیم می‌شود. در اینجا حروف چاپی بزرگ و کوچک و تلفظ آنها آورده شده است.

حروف چاپی بزرگ

Capital Printing Letters

A	اِیْ	K	کِیْ	U	یو
B	بیِ	L	اِلْ	V	ویِ
C	سیِ	M	اِمْ	W	دابِلیو
D	دیِ	N	اِنْ	X	اِکْسْ
E	ئیِ	O	اُ	Y	وایْ
F	اِفْ	P	پیِ	Z	زِد
G	جیْ	Q	کُیُو		
H	اِچ	R	آرْ		
I	آی	S	اِسْ		
J	جِیْ	T	تیِ		

حروف چاپی کوچک
Small Printing Letters

a b c d e f g h i j k l m n o p q r s t u v w x y z

حروف انگلیسی به دو دستهٔ اصلی تقسیم می‌شوند:

A) حروف صدادار "Vowels"   B) حروف بی‌صدا "Consonants"

A) حروف صدادار "Vowels"

حروفی هستند که به تنهایی و مستقل تلفظ می‌شوند. این حروف عبارتند از:

A , E , I , O , U

شایان ذکر است که دو حرف Y و W گاه بی‌صدا و گاه باصدا هستند. چنانچه این دو حرف در آغاز کلمه بیاید بی‌صدا و درغیر این صورت صدادار است.

مثال صدادار: Key , Now

مثال بی‌صدا: Year , We

B) حروف بی‌صدا "Consonants"

حروفی هستند که بدون دخالت حروف صدادار، تلفظ نمی‌شوند و شامل بیست و یک حرف باقیمانده است.

This is Jack Harrington.
He was born in Sydney,
Australia, on April 26. 1947.
He is a banker on a business
trip, and he is staying at the
Sheraton Hotel.

PRONUNCIATION IN ENGLISH

تلفظ در زبان انگلیسی

در این بخش برخلاف سایر کتابها، فقط تلفظهای دشوار و مشکل‌ساز این زبان را ذکر می‌کنیم، که به ساده‌ترین و جدیدترین شیوه بیان شده است. سایر تلفظها را در متن کتاب مشاهده خواهید کرد.

حروف بی‌صدا (consonants)	تلفظ این حروف	مثال (Example)	
c , f , h , k , l , m , n ,	سِ یا ک، ف، ه، ک ، ل ، م ، ن		مثال در متن
p , r , t , x , z.	پ ، ر ، ت ، کْش ، ز		مثال در متن
b	صدای ب در کلمهٔ بابا در فارسی	Pub	پاب
ch	صدای چ در کلمهٔ چین در فارسی	cheap	چیپ
d	صدای د در کلمهٔ داور در فارسی	bad	بَد
g	۱) صدای ج در کلمهٔ جام در فارسی	gentleman	جِنتِلمَن
	۲) صدای گ در کلمهٔ گام در فارسی	go	گُ
j	صدای ج در کلمهٔ جام در فارسی	jam	جَم
qu	صدای کُو می‌دهد.	quick	کُوئیک
s	۱) بین‌دو حرف صدادار و در آخر کلمه، صدای ز می‌دهد.	is	ایز

		visit	ویزیت
	۲) در صدای بسته مثل: si و su صدای ژ می‌دهد.	vision	ویژِن
		measure	میژِر
	۳) در بقیهٔ مواردصدای س می‌دهد.	so	سُ
		some	سام
y	۱) درکلمات بسته از نظر تلفظ صدای آی می‌دهد.	my	مای
	۲) در اول کلمات همیشه صدای یِ می‌دهد.	yes	یس
	۳) در بقیه کلمات همیشه صدای ایی می‌دهد.	many	مِنی
sh	صدای ش می‌دهد.	show	شُ
ph	صدای ف می‌دهد.	photo	فُتُ
th	۱) معمولاً قبل از یک حرف صدادار صدای ذ عربی می‌دهد.	father	فاذِر
	۲) معمولاً در انتهای کلمات صدای ث عربی می‌دهد و معمولاً صدای ث عربی ساکن است (ثْ)	birth	بِرثْ
v	صدای و مثل کلمهٔ فارسی وال.	very	وِرِی
w	صدای و امّا نرم‌تر از صدای v که باید لبها هنگام تلفظ این حرف جمع می‌شود. ادای این تلفظ به صورت بسته و جمع باید قرار گیرند.		

حروف صدادار (vowels)			مثال (Example)
a	۱) قبل از یک حرف بی‌صدا، صدای اِی می‌دهد.	safe	سِیف
	۲) بین W و حرف بی‌صدا، صدایی مثل اُ می‌دهد. تلفظ حرف آمریکایی این حرف آ است.	was	واُز ـ وآز
	۳) در سایر موارد که بیشتر قبل از حروف n و s و d دیده می‌شود. صدای اَ می‌دهد.	gas	گَس
		pass	پَس
		dance	دَنس
e	۱) قبل از حرف بی‌صدا، که بعد از آن حرف صدادار آمده باشد، صدای ایی می‌دهد.	these	دیس

	۲) در سایر موارد صدای اِ می‌دهد.	ten	تِن
i	۱) قبل از حرف بی‌صدا، که بعد از آن حرف صدادار آمده باشد، صدای آی می‌دهد.	mine	ماین
	۲) در بقیه موارد صدای ایی می‌دهد.	miss	میس
o	۱) قبل از حرف بی‌صدا که بعد از آن حرف صدادار آمده باشد، صدایِ اُ کشیده و بلند می‌دهد.	note	نُت
	۲) قبل از حرف بی‌صدا، صدای اُ کوتاه و محکم می‌دهد.	not	نات
	۳) و در بعضی کلمات کاملاً صدای آ بگوش می‌رسد.	mother	مادِر
u	۱) قبل از حرف بی‌صدا، تلفظ آن آ است.	must	ماست
	۲) قبل از حرف بی‌صدا که بعد از آن حرف صدادار آمده باشد. صدای چ می‌دهد.	future	فیُوچِر
	۳) در بقیه موارد صدای او کوتاه می‌دهد.	put	پُوُت

تلفظ حروفی که از دو حرف باصدا و یا از حروف باصدا و بی‌صدا ترکیب شده است.

ai , ay	صدای اِی می‌دهد	day	دِی
		rain	رِین
ar	صدای آر می‌دهد	car	کار
igh	صدای آی می‌دهد	high	هاُی
oa	صدای اُ می‌دهد	boat	بُت
tion , ssion	صدای شِنْ می‌دهد	station	استِیشِن
ea , ee , ei , ie	صدای ایی می‌دهد	deep	دیپ
ow	صدای اُ می‌دهد	window	ویندُ

Nice to meet you

از آشنایی شما خوشوقتم.

TAKE WITH FOOD

Barb: Ummm. Those burgers smell great. It's a perfect day for a barbecue.

بارب: آم. آن برگرها بوی خیلی خوبی می‌دهند. امروز برای کباب‌خوری (واقعاً) عالیه.

بارب: دُز . بِرگرز . اِسمِل . گرِیت . ایتس . اِ . پِرفِکت . دِی . فُر . اِ . باربی‌کیو.

Mike: It sure is. I'm glad it didn't rain. My name's Mike Gates, by the way.

مایک: حتماً همینطوره. خوشحالم که باران نمی‌آید. راستی، اسم من مایک گیتس است.

مایک: ایت . شور . ایز .. آیم . گِلَد . ایت . دیدِنتْ . رِین .. مای . نِیمز . مایک . گِیتس . بای . دِ . وِی

Barb: Oh, hi! I'm Barbara Johnson. Nice to meet you.

بارب: اُه سلام! من باربارا جانسون هستم. از آشنایی شما خوشوقتم.

بارب: اُ . های .. آیم . باربارا . جانسون .. نائیس . تو . میت . یُو

Mike: I'm sorry. What's your name again?

مایک: ببخشید. اسمتان چی بود؟ (دوباره اسمتان را می‌گویید؟)

مایک: آیم . ساری .. واتس . یُور . نِیم . اِگِینْ

Barb: Barbara. But please, just call me Barb.

بارب: باربارا. اما لطفاً فقط بارب صدایم کن.

بارب: باربارا .. بات . پِلیز . جاست . کال . می . بارب

Mike: So, Barb... what do you do?

مایک: خوب بارب... کارت چیست؟ *مایک: سُ . بارب .. وات . دُو . یُو . دُو*

Barb: I'm studying medicine.

بارب: پزشکی می‌خوانم. *بارب: آیم . اِستادینگ . مِدیسِنْ*

Mike: Really? where?

مایک: واقعاً؟ کجا؟ *مایک: ری‌یِلی . وِر*

Brab: At Harvard. What about you?

بارب: در (دانشگاه) هاروارد. تو چی؟ *بارب: اَت . هاروارد .. وات . اِبات . یُو*

Mike: I'm an engineer at IBM.

مایک: من در (شرکت) آی.بی.ام مهندسم. *مایک: آیم . اَن . اینجینیِر . اَت . آی.بی.اِم*

Barb: Oh, are you? That sounds interesting.

بارب: اُ، راستی؟ عالی به نظر می‌رسد. *بارب: اُ . آر . یُو .. دَت . ساندز . اینترِستینگ.*

Mike: Yeah. I like it. Hey, it looks like the food is ready.

مایک: آره. من آن را دوست دارم. هِی. مثل اینکه غذا حاضر است.

مایک: یِ . آی . لایک . ایت .. هِی . ایت . لوکس . لایک . دِ . فُود . ایز . رِدی .

Barb: Good. I'm starving.

بارب: خوبه. من که خیلی گرسنه‌ام. *بارب: گُود .. آیم . اِستاروینگ*

ow ☐ Where ☐ What ☐ How far

/hat time ☐ When ☐ Who ☐ Why

n Topic ______________________

● برای معرفی خود به دیگران از عبارات زیر استفاده می‌کنیم.

◆ My name's I'm	Mike Gates.	◇ Hello. Hi.	My name's I'm	Barb Johnson

◇ هِلُ های	مای نِیمز آیْم	بارب جانسون	◆ مای . نِیمْز آیْم	مایک .گِیتْس

◇ سلام.	اسم من من	بارب جانسون	است. هستم.	◆ اسم من ◆من	مایک گِیتْس	است. هستم.

با عبارات زیر می‌توانید از هم‌صحبت خود بخواهید، گفتهٔ خود را تکرار کند.

◆ Sorry, what's your first name again?

◆ ببخشید، اسم کوچکتان چی بود؟ ◇ ساری . واتس . یُور . فِرست . نِیم . اِگِین

◆ I didn't	catch get	your	first last	name?

◆ اسم	کوچک فامیلی	شما را	متوجه نشدم. نگرفتم.

◆ آی دیدِنت	کَچ گِت	یُور	فِرست لَست	نِیم.

◇ It's	Barbara but please call me Barb. Gates, Mike Gates.

◇ باربارا هستم ولی لطفاً بارب صدایم کن
گیتس، مایک گیتس هستم

◇ایتس	باربارا . بات . پلیز . کال . می . بارب گِیتس . مایک . گِیتس

برای پرسیدن شغل و کار دیگران می‌توانید از عبارات زیر استفاده کنید.

♦ What do you do?	◇ I'm	a student. اِ . اِستیودنت
♦ وات . دُو . یُو . دُو		a computer analist.
		◇ آیْم . اِ . کامپیوتر .آنالیست
♦ کارَت چیست؟		an engineer. اَن . اینجینیِر

♦ Oh, are you?	هستم.	◇ من دانش‌آموز
♦ اُ، راستی؟ ♦ اُ . آر . یُو		تحلیل‌گر کامپیوتر
		مهندس

◇ How / What	about you?	♦ I work	for Citibank.
			in an office.
◇ هاو / وات	اِبات . یُو		for a trading company.
		فُر ـ سیتی . بَنک	کار می‌کنم. ♦ برای / در سیتی‌بانک
			در یک اداره
◇ (دربارهٔ) شما	چطور؟ / چی؟	این . اَن . آفیس / فُر . اِ ـ تِریدینگ . کُمپَنی	♦ آی . وُرک . / برای / در یک شرکت بازرگانی

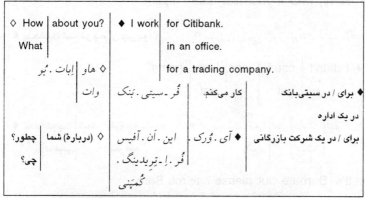

برای کسب اطلاعات بیشتر دربارهٔ هم‌صحبت خود می‌توانید از عبارات زیر استفاده کنید.

◇ What do you do?

◇ **کار شما چیست؟** ◇ وات . دُو . یُو . دُو

◆ I'm an engineer.

◆ **من مهندس هستم.** ◆ آیم . اَن . اینجینیِرْ

◇ Really? What company do you work for?

◇ **راستی؟ برای چه شرکتی کار می‌کنید؟**

◇ ری‌یِلی . وات . کُمپَنی . دُو . یُو . وُرک . فُر.

◆ I work for | Suzuki. / a steel company.

◇ آی . وُرک . فُر | سُوزُوکی / اِ . اِستیل . کُمپَنی

◇ **برای | (شرکت) سوزوکی / یک شرکت فولاد | کار می‌کنم.**

◇ What do you do there exactly?

◇ وات . دُو . یُو . دُو . دِر . اِگزَکتْلی

◇ **دقیقاً آنجا مشغول چه کاری هستید؟**

◆ I'm | a secretary. / in Human Resources. / in sales.

◆ آیم . | اِ . سِکْرِتِری / این . هیومَن . ری سُرسِز / این . سِیلز

◆ **منشی / در (قسمت) | منابع انسانی / فروش | هستم.**

◆ What do you do?

◆ **کارتان چیست؟** ◆ وات . دُو . یُو . دُو

◇ I'm a student.

◇ **من دانش‌آموز هستم.** ◇ آیم . اِ . اِستیودِنت

◆ Really? What school do you go to?

◆ **راستی؟ کدام مدرسه می‌روی؟**

◆ ری‌یِلی . واتْ . اِسکول . دُو . یُو . گُ . تُو.

◆ (I go to) | Boston College. / Seneca College.

◇ (آی . گُ . تُو) | بُستُن . کالِج / سِنِکا . کالِج

◇ **(من به) | مدرسهٔ عالی بُستُن / مدرسهٔ عالی سینکا | (می‌روم).**

◇ What are you studying?

◇ وات . آر . یُو . اِستادینگ

◇ **دقیقاً آنجا مشغول چه کاری هستید؟**

◆ (I study) | Business.
◆ (I'm in) | Engineering. / Nursing.

◆ آی . اِستادی / آیم . این . | بیزِنِس / اینجینیئرینگ / نِرسینگ

◆ **در (رشتهٔ) | بازرگانی / مهندسی / پرستاری | می‌خوانم. / هستم.**

Could I have your name Please?

لطفاً اسمتان را بگویید.

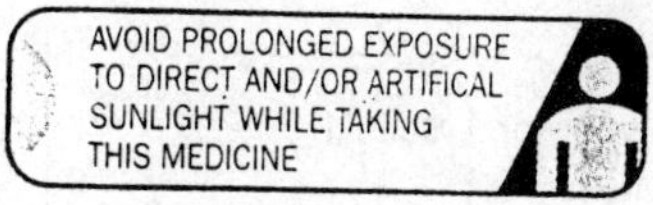

AVOID PROLONGED EXPOSURE
TO DIRECT AND/OR ARTIFICAL
SUNLIGHT WHILE TAKING
THIS MEDICINE

Officer: Yes, can I help you?

متصدی: بله، می‌توانم کمکتان کنم؟ *آفیسر: یِس . کَن . آی . هِلپ . یُو*

Ms. Paine: I'd like to open a saving account.

خانم پِین: می‌خواهم یک حساب پس‌انداز باز کنم.

میز . پِین: آی د . لایک . تو . اُپِن . اِ . سِیوینگ . اَکانت

Officer: Certainly. First we'll have to fill out a few forms. Could I have your name please?

متصدی: البته. اول باید چند تا فرم پر کنیم. لطفاً اسمتان را بگویید.

آفیسِر: سِرتِنلی . فِرست . وی‌ل . هَو . تُو . فیل . آئوت . اِ . فیو . فُرمز .. کُود . آی . هَو . یُور . نِیم . پلیز

Ms. Paine: It's Paine, Sarah Paine.

خانم پِین: پِین هستم، سارا پِین *میز . پِین: ایتس . پِین .. سارا . پِین*

Officer: And how do you spell your last name?

متصدی: (و) اسم فامیلی خود را چطور هجی می‌کنید؟

آفیسِر: آند . هاو . دُو . یُو . اِسپِل . یُور . لَسْت . نِیم

Ms. Paine: It's P - A - I - N - E

خانم پِین: هِجای آن پی. اِی. آی. اِن. ای. است. *میز . پِین: ایتس . پی . اِی . آی . اِن . ای*

Officer: Thank you. Next, is it Miss, Mrs., or Ms.?

متصدی: متشکرم. بعدش، آیا دوشیزه، خانم متاهل، یا خانم هستید.

آفیسِر: تنک . یُو .. نِکست . ایز . ایت . میس . میسیز . اُر . میز

Ms. Paine: I prefer Ms.

خانم پِین: میز را ترجیح می‌دهم. *میز . پِین: آی . پریفِر . میز*

Officer: Fine. Now, could I please have your address, Ms Paine?

متصدی: بسیار خوب، حالا لطفاً آدرستان را بگویید. خانم پِین

آفیسِر: فاین .. ناو . کُود . آی . پلیز . هَو . یُور . اَدرِس . میز . پِین

Ms. Paine: 2418 Greystone Road.

خانم پِین: شماره ۲۴۱۸ در خیابان گِری اِستُن.

میز . پِین: تُو . فُر . وان . اِیت . گِری اِستُن . رُئد.

Officer: Is that in Chicago?

متصدی: آن در شیکاگو است؟ *آفیسِر: ایز . دَت . این . شیکاگُ*

Ms. Paine: Yes, that's right. The zip code is 60602

خانم پِین: بلی، درسته. کد شناسایی (پستی) آن شش ـ صفر ـ شش ـ صفر ـ دو است.

میز . پِین: یِس . دَتس . رایت .. دِ . زیپ . کُد . ایز . سیکس . اُ . سیکس . اُ . تُو

Officer: OK, and please give me your telephone number.

متصدی: بسیار خوب: لطفاً شماره تلفنت را به من بده.

آفیسِر: اُکی . آند . پلیز . گیو . می . یُور . تِلِفُن . نامبِر

Ms. Paine: It's 364-9758

خانم پِین: شماره‌ام ۳۶۴۹۷۵۸ است.

میز . پِین: ایتز . ثِری ـ سیکس ـ فُر ـ ناین ـ سِوِن ـ فایو ـ اِیت

Officer: 364-9758. All right. And finally, Ms. Paine, what is your occupation?

متصدی: ۳۶۴۹۷۵۸. بسیار خوب. و بالاخره، خانم پین، کارتان چیست؟

آفیسِر: تِری . سیکس . فُر . ناین . سِوِن . فائیو . اِیت .. اَند . فاینالی . میز . پین . وات . ایز . یُور . اُکیوپِیشِن

Ms. Paine: I work at City Hospital. I'm a lab assistant.

خانم پین: در بیمارستان شهر کار می‌کنم. دستیار (دکتر) آزمایشگاه هستم.

میز پین: آی . وُرک . اَت . سیتی . هاسپیتال .. آیم . اِ . لَب . اَسیستَنت

Officer: Fine, I just need some ID, and we'll be all set.

متصدی: عالیه. فقط کارت شناسایی می‌خواهم، دیگر (کارمان) مرتب است.

آفیسِر: فاین . آی . جاست . نید . سام . آی دی . اَند . وی‌ل . بی . اُل . سِت

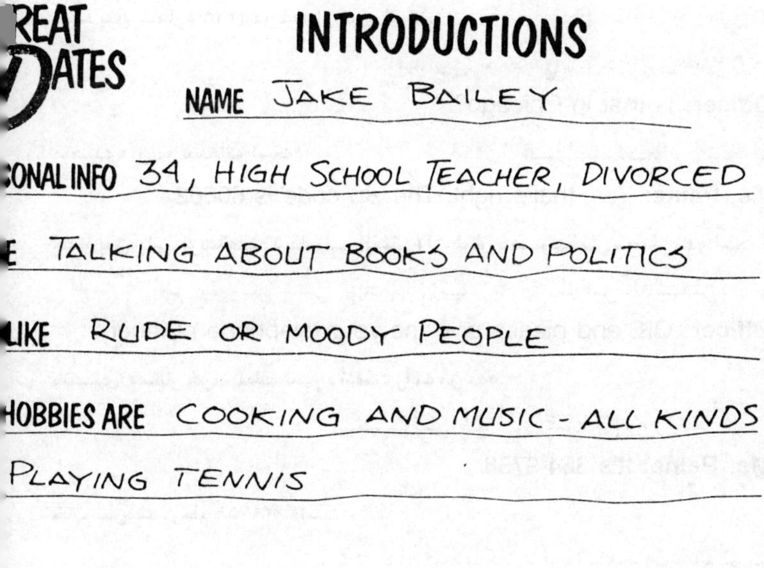

INTRODUCTIONS
NAME JAKE BAILEY
ONAL INFO 34, HIGH SCHOOL TEACHER, DIVORCED
E TALKING ABOUT BOOKS AND POLITICS
LIKE RUDE OR MOODY PEOPLE
HOBBIES ARE COOKING AND MUSIC - ALL KINDS
PLAYING TENNIS

برای گرفتنِ شمارهٔ تلفن موردنظرِ خود از اپراتورِ راهنمایِ تلفن می‌توانید از عبارات زیر استفاده کنید.

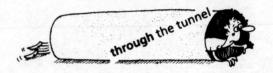

through the tunnel

Operator: Directory Assistance. What city, please?

اپراتور: راهنمای تلفن. لطفاً (بگویید) کدام شهر را می‌خواهید؟

آپِریتُر: دایرِکْتُری. اَسیستنس. وات .. سیتی. پلیز

Caller: Toronto, I'd like the number of Ms. Amanda Rhodes.

گوینده: تورنتو. شماره خانم آماندا رُدز را می‌خواستم.

کالِر: تورُنتو. آیْد. لایک. دِ. نامبِر. آو. میز. آماندا. رُدز

Operator: How do you spell the last name please?

اپراتور: لطفاً (بفرمایید) اسم فامیلی را چطور هجی می‌کنید؟

آپِریتُر: هاو. دُو. یُو. اِسپِل. دِ. لَست. نیم. پلیز

Caller: It's R-H-O-D-E-S.

گوینده: آن آر - اچ - اُ - دی - ای - اِس است. *کالِر: ایتس. آر. اچ. اُ. دی. ای. اِس*

Operator: Thank you. And could I have the Address?

اپراتور: متشکرم. و آدرس را (هم) بگویید. *آپِریتُر: تنک. یُو. اَند. کود. آی. هَو. دِ. اَدرِس*

Caller: It's 418 Kingston Road.

گوینده: آن (آدرس) شمارهٔ ۴۱۸ جادهٔ کینگِستون است.

کالِر: ایتس. فُر. وان. اِیت. کینگِستون. رُئد

Operator: The number is 987-0248

اپراتور: شماره آن ۹۸۷۰۲۴۸ است.

آپریتُر: دِ . نامبِر . ایز . ناین . اِیت . سِوِن . اُ . تُو . فُر . اِیت

Caller: 987-0248. Thank you very much.

گوینده: شمارهٔ ۹۸۷۰۲۴۸. خیلی متشکرم.

کالِر: ناین . اِیت . سِوِن . اُ . تُو . فُر . اِیت .. تَنک . یُو . وِری . ماچ

Operator: You're welcome.

اپراتور: خواهش می‌کنم. *آپریتُر: یُور . وِل کام.*

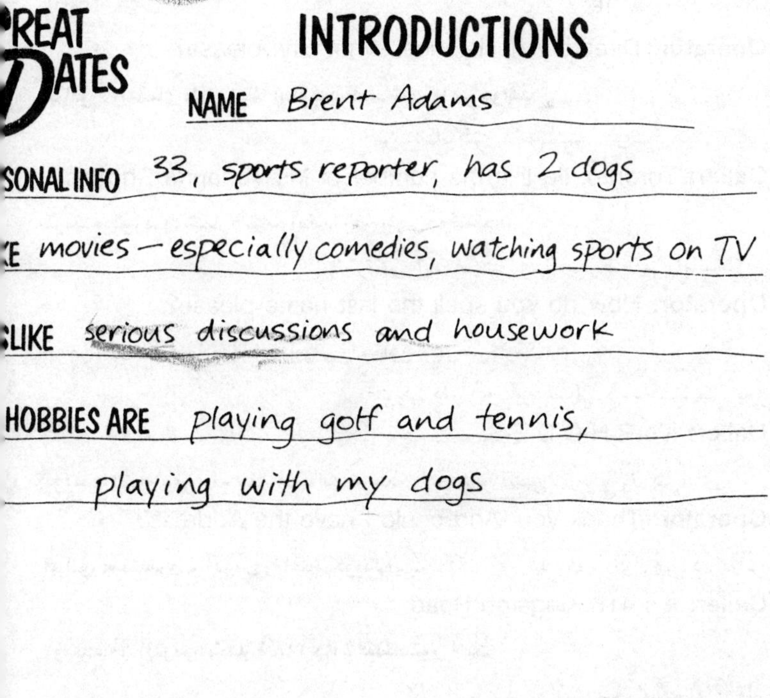
REAT
DATES
INTRODUCTIONS
NAME Brent Adams
SONAL INFO 33, sports reporter, has 2 dogs
E movies – especially comedies, watching sports on TV
LIKE serious discussions and housework
HOBBIES ARE playing golf and tennis,
playing with my dogs

Tell me about your family.

دربارهٔ خانواده‌ات برایم بگو.

Announcer: National flight 294 to Miami is delayed due to severe weather conditions. Please stand by for additional information.

اعلان بلندگو: پرواز داخلی ۲۹۴ به مقصد میامی به علت وضعیت نامساعد جوی به تأخیر افتاد. لطفاً منتظر اعلام اطلاعات بیشتر باشید.

اَن آنسِر: نَشْنال . فِلایْتْ . تُو ـ ناین ـ فُر . تو . می‌آمی . ایز . دی‌لید . دی‌یُو . تو . سی‌وِیر . وِدِر. کاندیشِنز . پلیز . اِسْتَنْدْ . بای . فُر . اَدیشْنال . این فُرمِیْشِن.

Maria: Oh no! I hate these long delays!

ماریا: اُ نه! از این تاخیرهای طولانی متنفرم. *ماریا: اُ . نُ . آی . هِیت . دیز . لانگ . دی‌لِیز*

Jim: I know. I can't wait to get home. I've been on a business trip for a month. I really miss my family.

جیم: می‌دانم. برای رسیدن به خانه نمی‌توانم انتظار بکشم. یک ماه است که در مسافرت (مأموریت) هستم. واقعاً دلم برای خانواده‌ام تنگ شده است.

جیم: آی . نُ . آی . کانت . وِیت . تو . گِت . هُم . آیْو . بین . آن . اِ . بیزینِس . تِریپ . فُر . اِ . مانس . آی . ری‌یِلی . میس . مای . فَمیلی

Maria: A month is a long time to be away. Do you have any children?

ماریا: یک ماه مدت زیادی برای دوری (از خانواده) است. آیا بچه (هم) دارید؟

ماریا: اِ . مانس . ایز . اِ . لانگ . تایم . تو . بی . اِوِی .. دُو . یُو . هَو . اِنی . چیلْدرِن.

Jim: I have three. Two boys and a girl. Would you like to see a picture?

جیم: سه تا (بچه) دارم. دو پسر و یک دختر. می‌خواهید یک عکس (از آنها) ببینید؟

جیم: آی . هَو . تری .. تُو . بُیز . اَند . اِ . قیرل .. وُود . یُو . لایک . تو . سی . اِ . پیکچِر.

Maria: Oh, how nice! Now, who's this?

ماریا: اُ، چقدر قشنگه! خوب / حالا، این کیه؟ *ماریا: اُ . هاو . نایس .. ناو . هُوُز . دیس.*

Jim: This is Judy, my oldest. She's twenty-four.

جیم: این جودی است. دخترم بزرگم. بیست و چهار سالش است.

جیم: دیس . ایز . جُدی . مای . اُلْدِست .. شیز . تُوِنتی ـ فُر

Maria: Is she married?

ماریا: آیا (او) ازدواج کرده است؟ *ماریا: ایز . شی . مَرید*

Jim: Yes, she is. And these are my two sons, Jamie and Julian.

جیم: بلی، ازدواج کرده. و اینها (هم) دو پسرم هستند، جَمی و جولیان

جیم: یِس . شی . ایز .. اَند . دیز . آر . مای . تُو . سانز . جَمی . اَند . جُولیان

Maria: How old are they?

ماریا: چند سالشان است؟ *ماریا: هاو . اُلد . آر . دِی*

Jim: Jamie is twenty-one. He's in college now. Julian is seventeen, and that's my wife, Beth, next to my daughter.

جیم: جَمی بیست و یک سالش است. الان در دانشکده است. جولیان هفده سالش است و این (هم) همسرم بِت، کنار دخترم است.

جیم: جَمی . ایز . تُوِنتی ـ وان . هی‌ز . این . کالِج . ناو .. جُولیان . ایز . سِوِنتین . اَند . دَتس . مای . وایف . بِت . نِکست . تو . مای . داوْتِر .

Maria: Well, you certainly have a lovely-looking family.

ماریا: خوب، مطمئناً / حقا که خانوادهٔ دوست داشتنی داری

ماریا: وِل . یُو . سِرتِنلی . هَو . اِ . لاوْلی . لُوکینگ . فَمیلی

Jim: Thank you. So, tell me about your family.

جیم: متشکرم. پس تو (هم) دربارهٔ خانواده‌ات برایم بگو.

جیم: تَنک . یو .. سُ . تِل . می . اِبات . یُور . فَمیلی

Maria: My husband and I have a son, Tim.

ماریا: همسرم و من یک پسر (بنام)، تیم، داریم.

ماریا: مای . هازبِند . اَند . آی . هَو . اِ . سان . تیم

Where are they?

آنها کجا هستند؟

Clerk 1: Oh, darn, where are they?

کارمند اول: اُ، لعنتی، آنها کجا هستند؟

کِلِرک . وان: اُ . دارن ، وِر . آر . دِی

Clerk 2: Who?

کارمند دوم: کی‌ها (چه کسانی)؟

کِلِرک . تُو: هُو

Clerk 1: I went to get this CD for a woman and her husband. Now I can't find them.

کارمند اول: رفتم که این سی‌دی را برای یک خانم و شوهرش بیاورم. الان آنها را پیدا نمی‌کنم.

کِلِرک . وان: آی . وِنت . تو . گِت . دیس . سی‌دی . فُر . اِ . وُمَن . آند . هِر . هازبَند . ناو . آی . کانت . فایِند . دِم

Clerk 2: What do they look like?

کارمند دوم: ظاهرشان (قیافه‌شان) چطوری است؟

کِلِرک . تُو: وات . دُو . دِی . لُوک . لایک

Clerk 1: Well, she's fairly tall with curly red hair. He's tall with short blond hair. They look like they're in their late thirties.

کارمند اول: خوب، خانم کاملاً قدبلند با موهای فر قرمز رنگ و آقا (هم) قد بلند با موهای

کوتاه بلوند است. به نظر می‌رسد که سنشان سی‌واند سال (نزدیک چهل سال) باشد.

کِلِرک . وان: وِل . شیز . فِیرلی . تال . وید . کی یورلی . رِد . هِیر .. هی‌ز . تال . وید . شُرت . بلاند . هیر .. دِی . لوک . لایک . دِی‌ر . این . دِیر . لِیت . تِرتیز .

Clerk 2: Humm, I don't see anyone like that. What are they wearing? Do you remember?

کارمند دوم: هم.م.م... کسی را آن طوری (با آن مشخصات) نمی‌بینم. آنها چه چیزی (چی) پوشیده بودند؟ یادت می‌آید؟

کِلِرک . تُو: هم‌مم . آی . دُنت . سی . اِنی‌وان . لایک . دَت .. وات . آر . دِی . وی‌یرینگ .. دُو . یُو . ری‌مِمبر .

Clerk 1: Yeah. He's wearing a red sweatshirt and blue jeans. She's wearing a white skirt and a purple sweater.

کارمند اول: آره. آقا بلوز قرمز و شلوار جین آبی پوشیده است. خانم دامن سفید و ژاکت ارغوانی پوشیده است.

کِلِرک . وان: یِ . هی‌ز . وی‌یرینگ . اِ . رِد . سُوویت شِرت . آند . بلُو . جینز .. شی‌ز . وی‌یرینگ . اِ . وایت . اِسکِرت . آند . اِ . پِرپِل . سُووِیتِر

Clerk 2: A white skirt and a purple sweater? Hey wait! I think I see them in the classical section.

کارمند دوم: دامن سفید و ژاکت ارغوانی؟ هِی صبر کن، فکر می‌کنم آنها را در قسمت آثار کلاسیک می‌بینم.

کِلِرک . تُو: اِ . وایت . اِسکِرت . آند . اِ . پِرپِل . سُووِیتِر . هِی . وِیت .. آی . تینک . آی . سی . دِم . این . دِ . کِلَسی‌کال . سِکشِن

Clerk 1: You're right ... Sir! Madam! I have that CD you're looking for.

کارمند اول: راست می‌گویی... آقا! خانم! سی‌دی را که جستجو می‌کنید (می‌خواهید) پیش من است (دستِ من است)

کِلِرک . وان: یُوور . رایت ... سِر .. مَدام .. آی . هَو . دَت . سی‌دی . یُوور . لُوکینگ . فُر

Do you know where it is?

آیا می‌دانی آن کجاست؟

Michelle: What are you doing?

میشِل: چکار می‌کنید؟

میشِل: وات . آر . یُو . دُویینگ

Dominic: I'm cooking dinner tonight.

دومینیک: امشب من شام را درست می‌کنم (می‌پزم).

دومینیک: آیم . کُوکینگ . دینِر . تُونایت

Michelle: That's great. Thank you. What are you making?

میشِل: عالی است. متشکرم. چی (چه چیزی) درست می‌کنی؟

میشِل: دَتس . گِریت .. تَنک . یُو .. وات . آر . یُو . مِیْ کینگ .

Dominic: A surprise. By the way, where do we keep the olive oil.

دومینیک: یک چیز عجیب (نگفتنی!). راستی، روغن زیتون را کجا می‌گذاریم (نگهداری می‌کنیم)؟

دومینیک: اِ . سُورپرایز .. بای . دِ . وِی .. وِر . دُو . وی . کیپ . دِ . اُلیو . اُیل .

Michelle: It's in the cabinet over the sink.

میشِل: در کابینتِ بالای ظرفشویی است.

میشِل: ایتس . این . دِ . کَبینِت . اُوِر . دِ . سینک

Dominic: In the cabinet over the ... I've got it. Thanks. And ... do you know where the big pot is?

دومینیک: در کابینت بالای ... پیدایش کردم. متشکرم. و ... می‌دانی قابلمهٔ بزرگ کجاست؟

دومینیک: این . دِ . کَبینِت . اُوِر . دِ .. آیْ‌وْ . گات . ایت .. تَنکْس .. آند . دُو . یُو . نُ . وِر . دِ . بیگ . پات . ایز

Michelle: It's in the drawer under the oven.

میشِل: در کشو زیر اجاق است. *میشِل: ایتز . این . دِ . دِراوِر . آندِر . دِ . اُوِن*

Dominic: OK. I'm ready. Now, what time do you want to eat?

دومینیک: خوب است. من آماده‌ام. حالا، شما چه وقت می‌خواهید (شام را) بخورید؟

دومینیک: اُکِیْ . آیم . رِدی .. ناو . وات . تایم . دُو . یُو . وانت . تُو . ایت .

Michelle: Whenever it's ready, but what can I do to help?

میشِل: هر وقت که آماده شود. اما (برای کمک) چکار می‌توانم بکنم؟

میشِل: وِن‌اِوِر . ایتس . رِدی . بات . وات . کَن . آی . دُو . تو . هِلپ

Dominic: Just stay out of the kitchen!

دومینیک: فقط بیرون آشپزخانه باش! *دومینیک: جاست . اِستِی . آوت . آو . دِ . کیچِن*

◆ Do you know where my	suitcase is? Jeans are?

آیا می‌دانید	چمدانم شلوارم	کجاست؟ *دُوو . یُو . نُ . وِر . مای*	*سویت‌کِیْس . ایز* *جینز . آر*

What does it look like?

ظاهرش (قیافه‌اش) چطوری است؟

Luis: Teresa? ... I can't find the what-do-you-call-it.

لوئیس: ترِزا؟ ... نمی‌توانم آن را، چی بِهِش می‌گن؟، نمی‌توانم پیدا کنم؟

لوئیس: ترِزا... آی . کانت . فایند . دِ . وات . دُو ـ یُو ـ کال ـ ایت .

Teresa: What can't you find?

ترِزا: چه چیزی را نمی‌توانی پیدا کنی؟ *ترِزا: وات . کانت . یُو . فایند*

Luis: You know. The thing.

لوئیس: می‌دانی. چیز ... *لوئیس: یُو . نُ . دِ . تینگ*

Teresa: What thing?

ترِزا: چه چیز؟ *ترِزا: وات . تینگ .*

Luis: Oh, come on... you know! It's on the tip of my tongue.

لوئیس: اُ، یالا (بجنب)... تو می‌دانی! نوک زبانم است.

لوئیس: اُ . کام . آن .. یُو . نُ .. ایتس . آن . دِ . تیپ . او . مای . تانگ .

Teresa: What does it look like? Maybe I can help you find it.

ترِزا: ظاهرش چطوری است؟ شاید بتوانم کمکتان کنم آن راپیدا کنید.

ترِزا: وات . داز . ایت . لُوک . لایک .. مِی‌بی . آی . کن . هِلپ . یُو . فایند . ایت

Luis: It's a long, narrow, flat thing. It's made of plastic.

لوئیس: یک چیز دراز، باریک و مسطح است. از پلاستیک درست شده است.

لوئیس: ایتس . اِ . لانگ . نَرُو . فِلَت . تینگ .. ایتس . مِی‌د . آو . پِلَستیک .

Teresa: OK. What color is it, and what's it used for?

ترزا: بسیار خوب. چه رنگی است و به چه کاری می‌آید؟

ترِزا: اُکِی . وات . کالِر . ایز . ایت . اَند . واتس . ایت . یُوزد . فُر

Luis: It's red. You use it for drawing straight lines.

لوئیس: قرمز است. برای کشیدن خطوط راست به کار می‌رود.

لوئیس: ایتس . رِد .. یُو . یُوز . ایت . فُر . دِراوینگ . استرِیت . لاینز

Teresa: Luis! you mean the ruler! It's in the box behind the telephone.

ترزا: لوئیس! منظورت خطکش است! در جعبهٔ پشت تلفن است.

ترِزا: لوئیس . یُو . مین . دِ . رُولِر .. ایتس . این . دِ . باکس . بی‌هایند . دِ . تِلِفُن .

Luis: Oh, yeah. I knew that all long. I was just testing you.

لوئیس: اُ. آره. از اولش می‌دانستم. فقط تو را امتحان می‌کردم.

لوئیس: اُ . یِ . آی . نی‌یُو . دَت . اُل . لانگ .. آی . واز . جاست . تِستینگ . یُو .

PART A

1. How many hours of sleep do you get every night? ______
2. What time do you usually go to bed? ______
3. Do you take any vitamins? Which ones? ______
4. How much cola, coffee, or tea do you drink every day? ______
5. Tell me three foods that are good for your health. ______
______
6. How often do you eat them? ______
7. Tell me three foods that are bad for your health. ______
______
8. How often do you eat them? ______
9. What do you do to relax? ______
10. How much physical exercise do you get? ______

انگلیسی در سفر (کتاب دوّم)

در توصیف اشیاء می‌توان از الگوی پرسش و پاسخ زیر استفاده کرد

♦What size is it? ♦وات . سایز . ایز . ایت ♦اندازه‌اش چقدر است؟

◊It's	big / small.	بیگ / اِسمال	بزرگ / کوچک	
	long / short.	◊ایتس لانگ / شُرت	دراز / کوتاه	◊آن ... است.
	narrow / wide.	نَرُو / واید	باریک / پهن	

♦What shape is it? ♦وات . شِیپ . ایز . ایت ♦چه شکلی است؟

◊It's	round / a circle.	راند / اِ . سیرکِل	◊ایتس
	square / a square.	اِسکُوِر / اِ . اِسکُوِر	
	rectangular / a rectangle.	رِکتَن‌گیولار / اِ . رِکتَن‌گِل	
	triangular / a triangle.	ترای‌اَنگیولار / اِ . ترای‌اَنگِل	
	oval / an oval.	اُوْال / اَن . اُوْال	
	flat.	فِلَت	

◊آن	گرد / یک دایره	است.
	مربع شکل / یک مربع	
	مستطیل شکل / یک مستطیل	
	سه گوش / یک مثلث	
	بیضی شکل / یک بیضی	
	مسطح	

♦What does it look like?

♦ظاهرش (قیافه‌اش) چطوری است؟ ♦وات . داز . ایت . لُوک . لایک

◊It's a long, narrow, flat thing.

◊یک چیز دراز، باریک و مسطحی است. ♦ایتس . اِ . لانگ . نَرُو . فِلَت . تینگ

See you then!

بعداً می‌بینمت!

Karen: Greg, when is Sheila's birthday? Is it this week?

کارن: گِرِج، (روز) تولد شیلا کِی است؟ همین هفته است؟

کارِن: گِرِج . وِن . ایز . شیلاز . بِرت‌دِی .. ایز . ایت . دیس . ویک

Greg: Yeah, It's this saturday, the twenty-eighth.

گِرِج: آره، همین شنبه است، بیست و هشتم (ماه)

گِرِج: یِ . ایتس . دیس . سَتِردِی . دِ . تُووِنتی ـ اِیْتْس

Karen: I'd really like to see her on her birthday. Are you two doing anything?

کارِن: واقعاً دوست دارم (می‌خواهم) او را روز تولدش ببینم. آیا شما دوتا کاری می‌خواهید بکنید؟ (برنامه‌ای دارید؟)

کارِن: آی‌د . ری‌یلی . لایک . تُو . سی . هِر . آن . هِر . بِرت‌دِی . آر . یو . تُوو . دوییِنگ . اِنی‌تینگ

Greg: Well, yes, We have tickets to a concert at Carnegie Hall.

گِرِج: خوب، بلی، ما بلیط کنسرت تالار کارنِجی هال را گرفته‌ایم.

گِرِج: وِل . یِس . وی . هَو . تیکِتس . تو . اِ . کانسِرت . اَت . کاژنِجی . هال .

Karen: What time does it start?

کارِن: کِی (چه وقت) شروع می‌شود؟ *کارِن: وات . تایم . داز . ایت . اِستارت*

Greg: It starts at 8:00

گِرِج: در ساعت ۸ شروع می‌شود. گِرِج: ایت . اِستارتس . اَت . اِیت

Karen: Humm... I'm afraid I can't make it by then. I have to work late on Saturday. Hold on ... I have an idea. What time does the concert end?

کارِن: هممم... دلواپس اینم که نتوانم آن موقع بیایم (ترتیب کار را بدهم). شنبه باید تا دیروقت کار کنم. صبر کن... یک فکری دارم. کنسرت کِی تمام می‌شود؟

کارِن: هممم ... آیم . اَفرید . آی . کانت . مِیک . ایت . بای . دِن ..آی . هَو . تو .وُرک . لِیت . آن . سَتردِی .. هُلد . آن ... آی . هَو . اَن . آی‌دیا .. وات . تایم . داز . دِ . کانسِرت . اِند .

Greg: Pretty late. Probably around half past eleven.

گِرِج: خیلی دیر. احتمالاً حول و حوش (نزدیک) ساعت یازده و نیم.

گِرِج: پرتی . لِیت .. پرابِبلی . اَراند . هاف . پَست . اِلِوِن .

Karen: Well, how about going to the Cafe Alfredo for some coffee and birthday cake after the concert? I'll meet you there?

کارِن: خوب. نظرت درباره رفتن به کافهٔ آلفردو پس از کنسرت جهت (صرف) قهوه و (خوردن) کیک تولد چیست؟ من شما را آنجا می‌بینم (ملاقات می‌کنم)

کارِن: وِل . هاو . اِبات . گُیینگ . تُو . دِ . کَفِی . آلفِردُ . فُر . سام . کافی . اَند . برت‌دِی . کِیک . آفتِر . دِ . کانسِرت .. آیل . میت . یُو . دِر

Greg: Well, what time does the cafe close?

گِرِج: خوب، کافه کِی (چه وقت) بسته می‌شود؟ گِرِج: وِل . وات . تایم . داز . دِ . کَفِی . کِلُز

Karen: It's open until at least 1:00, Come on, admit it ... It's a fabulous idea.

کارِن: حداقل تا ساعت یک باز است. یالا (زود باش) قبول کن. فکر بسیار خوبی (محشری) است.

کارِن: ایتس . اُپِن . آنتیل . اَت . لیست . وان . کام آن . اَدْمیت . ایت ... ایتس . اِ . فَبیولِس . آی‌دیا.

Greg: OK, OK, Karen. We'll see you then!

گِرِج: بسیار خوب، بسیار خوب، کارِن. بعداً (آن وقت) می‌بینیمت!

گِرِج: اُکِی . اُکِی . کارِن . وی‌ل . سی . یُو . دِن .

How do I get there?

چطور به آنجا بروم؟

Keith: Excuse me, do you know where the police station is?

کِیت: ببخشید، می‌دانید پاسگاه پلیس کجاست؟

کِیت: اِکس کیوز . مي . دُوُ . يُو . نُ . وِر . دِ . پُليس . ايز .

Woman: No, I'm sorry. I don't. I'm not from around here.

خانم: نه، متاسفم. نمی‌دانم. من از (اهالی) این اطراف نیستم.

وُمَن: نُ . آيم . ساري .. آي . دُنت .. آيم . نات . فِرام . آراند . هي‌يِر .

Keith: Ok, thanks anyway.

کِیت: بسیارخوب، به هر حال متشکرم. *کِیت: اُکِی . تَنکس . اِنی‌وِی*

Anna: Hi, Keith! How's it going?

آنا: سلام کِیت! اوضاع (وضع و حالت) چطور است؟

آنا: های . کِیت .. هاوز . ایت . گُیینگ

Keith: Not too good. I lost my wallet, and it had all my ID and credit cards in it.

کِیت: زیاد خوب نیست. کیف بغلم را گم کرده‌ام و همه چیزم، کارت شناسایی (شناسنامه) و کارت اعتباری‌ام، توی آن بود.

کِیت: نات . تُوو . گُوود . آی . لاست . مای . وَلِت . اَند . ایت . هَد . اُل . مای . آی‌دی . اَند .

کِردیت . کاردز . این . ایت

Anna: Oh. no!

آنا: اُ. نه! آنا: اُ . نُ

Keith: So, How do I get to the police station from here?

کِیت: خوب، چطور از اینجا به پاسگاه پلیس بروم؟

کِیت: سُ . هاو . دُو . آی . گِت . تُو . دِ . پُلیس . اِستِیشِن . فِرام . هی‌یِر

Anna: It's easy. Go up Main Street about three blocks. When you get to Oak Street, turn left. It's right next to the post office. You can't miss it.

آنا: راحت (ساده) است. خیابان مِین (اصلی) را حدود سه بلوک (به سمت) بالا برو. وقتی به خیابان اُک (بلوط) رسیدی به سمت چپ بپیچ آن (پاسگاه پلیس) درست بغل ادارهٔ پست است. آنجا (دیگر) نمی‌توانی گمش کنی.

آنا: ایتس . ایزی .. گُ . آپ . مین . اِستریت . اِبات . تِری . بلاکْس .. وِن . یُو . گِت . تُو . اُک . اِستِریت . تِرن . لِفت .. ایتس . رایت . نِکِست . تُو . دِ . پُست . آفیس .. یُو . کانت . میس . ایت

Keith: OK. Go up this street and turn left at Oak. It's beside the post office.

کِیت: بسیار خوب. این خیابان را بالا بروم و در (خیابان) اُک به چپ بپیچم. پاسگاه در کنار ادارهٔ پست است.

کِیت: اُکِی . گُ . آپ . دیس . اِستِریت . اَند . تِرن . لِفت . اَت . اُک .. ایتس . بی‌ساید . دِ . پُست . آفیس

Anna: That's it.

آنا: همینطوره (درسته). آنا: دَتْس . ایت

Keith: Thanks, Anna.

کِیت: متشکرم، آنا. کِیت: تَنکس . آنا

Anna: No problem.

آنا: مهم نیست (مسئله‌ای نیست). آنا: نُ . پِرابْلِم .

How do you like the city?

چطوری (چه چیز) این شهر را دوست دارید؟

Marta: So, what do you think? How do you like New Yourk?

مارتا: خوب، چی فکر می‌کنید؟ نیویورگ را چطوری (از چه لحاظ) دوست داری؟

مارتا: سُ . وات . دُو . یُو . تینک .. هاو . دُو . یُو . لایک . نیویورک

Paul: I'm having a great time. I love it. I'm glad we came.

پال: اوقات بسیار خوبی دارم. آن را دوست دارم. خوشحالم که آمدیم (برگشتیم)

پال: آیم . هَوینگ . اِ . گریت . تایم .. آی . لاو . ایت .. آیم . گِلَد . وی . کِیْم .

Marta: Yeah. I realy like the stores and the shopping.

مارتا: آره. من واقعاً مغازه‌ها و خرید (در آن) را دوست دارم.

مارتا: یِ ... آی . ری‌یِلی . لایک . دِ . اِسترز . اَند . دِ . شاپینگ .

Paul: I love the museums, too.

پال: من موزه‌ها را هم دوست دارم. *پال: آی . لاو . دِ . میوزی‌یِمز . تُوو*

Marta: But the traffic is pretty bad.

مارتا: اما رفت و آمد (ترافیک) بسیار بد است. *مارتا: بات . دِ . تِرَفیک . ایز . پِرتی . بَد*

Paul: Yeah. I hate all this traffic. It's really noisy.

پال: آره. از این همه ترافیک متنفرم. واقعاً که شلوغ (پر سر و صدا) است.

پال: یِ . آی . هِیت . اُل . دیس . تِرافیک .. ایتس . ری‌یِلی . نُیزی .

Marta: Listen, it's almost dinnertime. There are lots of restaurants around here. What do you want to try? Italian? Greek? Japanese? Thai?

مارتا: گوش کن، نزدیک (وقت) ناهار است. این اطراف پر از رستوران است. کدام رستوران را می‌خواهی امتحان کنی؟ (رستوران) ایتالیایی؟ یونانی؟ ژاپنی یا تایلندی؟

مارتا: لیسِن . ایتس . اُل‌مُسْت . دینِرتایم .. دِیر . آر . لاتس . آو . رِستُورَنْتْس . اَراند . هی‌یِر .. وات . دُو . یُو . وانت . تو . تِرای .. ایتالی‌یَن .. گریک .. جَپَنیز .. تای

Paul: I can't stand making decisions. You choos!

پال: من تحمل (حوصلهٔ) تصمیم‌گیری ندارم تو انتخاب کن.

پال: آی . کَنت . اِستَند . مِی‌کینگ . دی‌سی‌ژِنز .. یُو . چُووز

Marta: OK. Let's go American. Where is the nearest McDonald's?

مارتا: بسیار خوب. بیا برویم به (رستوران) آمریکایی. نزدیکترین (رستوران) مَک دونالد کجاست؟

مارتا: اُکِی . لِتس . گُ . اَمریکَن .. وِر . ایز . دِ . نی‌یِرِسْت . مَکْ‌دُنالْدْز

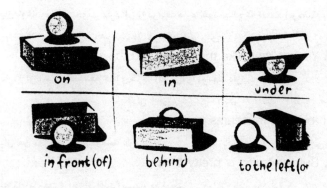

I love the seashore.

ساحل دریا را خیلی دوست دارم.

Tom: This one looks great! I love the seashore.

تام: این یکی عالی به نظر می‌رسد! من ساحل دریا را خیلی دوست دارم.

تام: دیس . وان . لُوکس . گِریت .. آی . لاو . دِ . سی‌شُر

Ellen: So do I. The sun ... the sand ... the ocean!

اِلِن: من هم همینطور. خورشید (آفتاب) ... شِن ... اقیانوس!

اِلِن: سُ . دُو . آی .. دِ . سان . سَنْد . دِ . اُشِن .

Tom: And listen to this! What do you think of sailing, swimming, windsurfing, and fishing?

تام: (و) به این یکی توجه کن! دربارهٔ قایقرانی با قایق بادبانی، شنا، موج‌سواری و ماهیگیری نظرت چیه؟

تام: اَند . لیسِن . تُو . دیس .. وات . دُو . یُو . تینک . آو . سِیلینگ . سُوویمینگ . ویندسُورفینگ . اَند . فیشینگ .

Ellen: Oh, Tom! They sound fantastic. I really like all those things.

اِلِن: اُ. تام! فوق‌العاده است. من واقعاً همهٔ اینها را دوست دارم.

اِلِن: اُ . تام . دِی . ساند . فَنتَستیک . آی . ری‌یلی . لایک . اُل . دُز . تینگز .

Tom: Yeah ... me, too.

تام: آره ... من هم همچنین. *تام: یِ ... می . تؤو*

Ellen: Well, except fishing. To be honest, I hate fishing, but I love all the others.

اِلِن: خوب، (البته) به جز ماهیگیری. راستش را بگویم، از ماهیگیری بدم می‌آید (متنفرم)، اما بقیه را خیلی دوست دارم.

اِلِن: وِل . اِکْسِپت . فیشینگ .. تو . بی . آنِشت . آی . هِیت . فیشینگ . بات . آی . لاو . اُل . دِ . آدِرز .

Tom: Hey! Look at this! We can stay in a big hotel or we can stay in a little cabin by the beach.

تام: هِی! این را نگاه کن! می‌توانیم در یک هتل بزرگ یا در یک کلبهٔ کوچک کنار ساحل اقامت کنیم.

تام: هِی . لُوک . اَت . دیس ... وی . کَن . اِستِی . این . اِ . بیگ . هُتِل . اُر . وی . کَن . اِستِی . این . اِ . لیتِل . کَبین . بای . دِ . بیچ

Ellen: You know, I really don't like those big hotels.

اِلِن: می‌دانی، من واقعاً از هتلهای بزرگِ آنچنانی خوشم نمی‌آید.

اِلِن: یُو . نُ . آی . ری‌یلی . دُنت . لایک . دُز . بیگ . هُتِلز .

Tom: Neither do I. Let's stay in a cabin. I'll be much nicer right beside the ocean.

تام: من هم همینطور. بیا در یک کلبه (سوئیت) اقامت کنیم. من درست در کنار اقیانوس راحت‌ترم (خوشحال‌ترم).

تام: نیدِر . دُو . آی . لِتس . اِستِی . این . اِ . کَبین . آیل . بی . ماچ . نایسِر . رایت . بی‌ساید . دِ . اُشِن .

انگلیسی در سفر (کتاب دوم)

برای بیان نظر موافق یا مخالف خود دربارهٔ تمایل یا عدم تمایل دیگران به چیزی می‌توانید از الگوهای ساختاری زیر استفاده کنید

	Agree	Disagree
◆I love it. ◆آی . لاو . ایت **◆آن را خیلی دوست دارم** ◆I like them. ◆آی . لایک . دِم **◆آنها را دوست دارم** ◆I hate it. ◆آی . هِیت . ایت **◆از آن بدم می‌آید (متنفرم)**	◇Really? So do I. ◇ری‌یِلی .. سُ . دُو . آی **◇واقعاً؟ من هم همچنین** ◇Me, too. ◇می . تُوو **◇من هم همچنین**	◇You do? I don't. ◇یُو . دُو .. آی . دُنت **◇تو می‌کنی (داری)؟ من نمی‌کنم (ندارم).** ◇Really? ◇ری‌یِلی **◇واقعاً؟**
◆I don't like them. ◆آی . دُنت . لایک . دِم **◆آنها را دوست ندارم.**	◇(No.) Neither do I? ◇نُ . نیدِر . دُو . آی **◇(نه.) من هم همینطور (نمی‌کنم/ندارم).** ◇Me, neither. ◇می . نیدِر **◇من هم نه**	◇You don't? I do. ◇یُو . دُنت .. آی . دُو **◇تو نه؟ (ولی) من بلی.**
◆I can't stand it. ◆آی . کانت . اِستَند . ایت **◆تحملش (حوصله‌اش) را ندارم.**	◇(No.) Neither can I? ◇نُ . نیدِر . کَن . آی **◇(نه.) من هم نمی‌توانم.** ◇Me, neither ◇می . نیدِر **◇من هم نه.**	◇You can't. I like it. ◇یُو . کانت .. آی . لایک . ایت **◇تو نمی‌توانی. (ولی) من دوست دارم.** ◇Really? ◇ری‌یِلی **◇واقعاً؟**

How about coming with us?

نظرت دربارهٔ آمدن با ما چیست؟

Debbie: Hi, Kenji.

دبی: سلام. کنجی *دِبی: های . کِنْجی*

Kenji: Hi, Debbie. Have a seat. How's it going?

کِنجی: سلام. دِبی. بنشین. (بگیر بنشین) اوضاع و احوال چطوره (حالت چطوره)؟

کِنجی: های . دِبی .. هَو . اِ . سیت .. هاوز . ایت . گُیینْگ .

Debbie: I'm OK. How are you doing?

دِبی: (من) خوبم. تو چطوری؟ *دِبی: آیم . اُکِی .. هاو . آر . یُو . دُویینگ .*

Kenji: Pretty good. Listen ... have you heard about the new Thai restaurant over on university Avenue?

کِنجی: خیلی خوبم. گوش کن... دربارهٔ رستوران تایلندی جدیدی که در بالای خیابان دانشگاه است چیزی شنیدی؟ (شنیدی که در بالای خیابان دانشگاه رستوران تایلندی جدیدی باز شده است)؟

کِنجی: پرِتی . گُود . لیسِن .. هَو . یُو . هی‌یرد . اِبات . دِ . نی‌یُو . تای . رِستُورَنت . اُوِر . آن . یونیوِرسیتی . اَوِنی‌یو .

Debbie: Do you mean the Bangkok?

دِبی: منظورت (رستوران) بانکوک است. *دِبی: دُو . یُو . مین . دِ . بَنْکُکْ .*

Kenji: That's the one. A bunch of us are going there for

dinner tomorrow night. How about coming with us?

کِنجی: خودش است. چند تایی از ماها فردا شب برای شام آنجا می‌رویم. نظرت دربارهٔ آمدن با ما چیست؟ (می‌خواهی با ما بیایی؟)

کِنجی: دَتْس . دِ . وان .. اِ . بانچ . آو . آس . آر . گُیینگ . دِیر . فُر . دینِر . تومارُ . نایت .. هاو . اِبات . کامینگ . ویِد . آس .

Debbie: Sure. I'd love to.

دِبی: حتماً. دوست دارم (بیایم). *دِبی: شُور . آیْد . لاو . تُو*

Kenji: Great. I'll call and make reservations.

کِنجی: عالیه. زنگ (تلفن) می‌زنم و (برای شما) جا می‌گیرم.

کِنجی: گْرِیْت . آی‌ل . کال . اَند . مِیک . ریزِروِی‌شِن .

Debbie: Any time after 6:00 is good for me. Oh! I'm late! I have a class.

دِبی: هر موقع بعد از ساعت شش برایم خوب است، اُ، دیرم شد! من کلاس دارم.

دِبی: اِنی . تایم . آفتِر . سیکس . ایز . گُوود . فُر . می .. اُ . آیم . لِیت .. آی . هَو . اِ . کِلَس .

Kenji: All right. I'll call you tonight and tell you the time.

کِنجی: بسیار خوب. امشب برایت زنگ می‌زنم و زمان (قرار) را می‌گویم.

کِنجی: اُل . رایت . آی‌ل . کال . یو . تونایت . اَند . تِل . یُو . دِ . تایم

Debbie: Great. Talk to you then.

دِبی: عالیه. بعداً با تو صحبت می‌کنم. *دِبی: گْرِیْت . تاک . تُو . یُو . دِن .*

	For	Against	Main reason
Roger	☐	☐	________
Reiko	☐	☐	________

Why don't we meet there?

چرا همانجا همدیگر را نبینیم؟

Karen: Hello. Could I speak to Justin please?

کارن: سلام. می‌توانم با جوستین صحبت کنم؟

کارِن: هِلِ . کُود . آی . اِسپیک . تو . جُوستین . پلیز .

Justin: Speaking.

جوستین: جوستین صحبت می‌کند. (خودمم.) *جُوستین: اِسپیکینگ .*

Karen: Oh. hi Justin. This is Karen Hepburn. We met at Chris and Jim's party.

کارن: اُ. سلام جوستین. من کارنِ هِپ‌بِرن هستم. ما همدیگر را در مهمانی کریس و جیم ملاقات کردیم.

کارِن: اُ . های . جوستین . دیس . ایز . کارِن . هِپ‌بِرن .. وی . مِت . آت . کِریس . آند . جیمز . پارتی .

Justin: Of course. How're you?

جوستین: البته. حالت چطور است؟ *جُوستین: آو . کُرس . هاوِ. ر . یُو .*

Karen: Great. Uh, Justin, would you like to see Otis Isley on Thursday night? He's at Kangroo Club.

کارِن: خوبِ خوب. اُ. جوستین، می‌خواهی اُتیس آیسلی را پنجشنبه شب ببینی؟ در باشگاه کانگورو است.

کارِن: گِریْت . اُ . جُوستین . وُود . یُو . لایک . تُو . سی . اُتیس . آیسلی . آن . تِرزدِی . نایت . هیز . اَت . دِ . کانگرو . کِلاب .

Justin: I'm sorry, Karen, but I can't. I have to work late this thursday.

جوستین: متاسفم، کارِن، اما نمی‌توانم. این پنجشنبه باید تا دیروقت کار کنم.

جُوستین: آیم . ساری . کارِن . بات . آی . کانت . آی . هَو . تُو . وُرک . لِیت . دیس . تِرزدِی .

Karen: Oh ... that's too bad.

کارِن: اُ ... خیلی بد شد. *کارِن: اُ . دَتْس . تُوو . بَد .*

Justin: Yeah. I really like Isley.

جوستین: آره. من آیسلی را واقعاً دوست دارم.

جُوستین: یِ . آی . ری‌یِلی . لایک . آیسلی .

Karen: Actually, are you doing anything on friday or saturday? He's playing those nights as well.

کارِن: در واقع، روز جمعه و شنبه (هم) کار داری؟ آن دو شب را هم نمایش می‌دهد.

کارِن: اکچوآلی . آر . یُو . دوئینگ . اِنی‌تینگ . آن . فرای‌دِی . اُر . سَتِردِی .. هیز . پِلی‌یینگ . دُز . نایتس . اَز . وِل .

Justin: Well, I can't make it on Friday either, but I'm free on Saturday night. What time does it start?

جوستین: خوب، در جمعه هم نمی‌توانم بیایم (ترتیبش را بدهم)، اما شنبه شب وقتم آزاد است. (برنامه) چه وقت (ساعتی) شروع می‌شود؟

جُوستین: وِل . آی . کانت . مِیک . ایت . آن . فرای‌دِی . ایدِر . بات . آیم . فری . آن . سَتِردِی . نایت .. وات . تایم . داز . ایت . اِستارت .

Karen: At eight sharp. How about meeting in front of the club at about a quarter after seven?

کارِن: رأس ساعت هشت. چطور است ساعت هفت و ربع در روبروی کلوب (همدیگر) را

ملاقات کنیم؟

کارِن: اَت . اِیت . شارپ .. هاو . اِبات . میتینگ . این . فِرانت . آو . دِ . کِلاب . اَت . اِبات . اِ . کُرتِر . آفتِر . سِوِن .

Justin: That sounds perfect. And let's go out for coffee after the show.

جوستین: بنظر که عالی است. بیایید بعد از برنامه (نمایش) برای صرف قهوه بیرون برویم.

جُوستین: دَت . ساندز . پِرفِکت .. اَند . لِتس . گُ . آئوت . فُر . کافی . آفتِر . دِ . شُ .

Karen: Sure.

کارِن: حتماً. *کارِن: شُور .*

Justin: Ok, see you at 7:15, Saturday.

جوستین: بسیار خوب، پس شنبه ساعت هفت و ربع می‌بینمت.

جُوستین: اُکِی . سی . یُو . اَت . سِوِن . فیفتین . سَتِردِی .

♦Where do you want to meet?
♦ور . دُو . یُو . وانت . تو . میت .

♦کجا می‌خواهید دیدار کنید؟

◊How about meeting in front of the club?

◊چطور است در جلو کلوپ دیدار کنیم؟

◊هاو . اِ . بات . میتینگ . این . فِرانت . آو . دِ . کِلاب

◊Why don't we meet at the restaurnt?

◊چرا در (همان) رستوران همدیگر را ملاقات نکنیم؟

◊وای . دُنت . وی . میت . اَت . دِ . رِستورَنت

◊Let's meet at the restaurant.

◊بیا در رستوران ملاقات کنیم .   ◊لِتس . میت . اَت . دِ . رِستورَنت .

♦Great. What time?   ♦گِرِیت . وات . تایم   ♦عالی است (عالیه). کی؟

◊How about meeting / why don't we meet   at 7:15?

◊چطور است ملاقاتمان ساعت هفت و ربع باشد؟

◊هاو . اِبات . میتینگ . | اَت . سِون . فیفتین .
چرا ساعت هفت و ربع ملاقات نکنیم؟   وای . دُنت . وی . میت . |

◊Is 7:15 OK?   ◊ایزسِون . فیفتین . اُکی؟   ◊ساعت هفت و ربع قبول است؟

◊Let's meet at 7:15.

◊بیا در ساعت هفت و ربع ملاقات کنیم .   ◊لِتس . میت . اَت . سِون . فیفتین .

♦Fin   ♦فاین   ♦خوب است (خوبه).

OK. See you | at 7:15. / then   بسیار خوب. ساعت هفت و ربع می‌بینمت.
آن موقع (بعداً)

اُکی . سی . یو . | اَت . سِون . فیفتین .
دِن .

Could you help me?

می‌توانی کمکم کنی؟

Clerk: Hi. Can I help you with something?

فروشنده: سلام. آیا (در چیزی) می‌توانم کمکتان کنم؟

کِلِرک: های . کَن . آی . هِلپ . یُو . وید . سام‌تینگ

Paulina: Yes, please. We're looking for the men's department.

پائولینا: بلی. لطفاً. ما دنبال قسمت آقایان می‌گردیم.

پائولینا: یِس . پلیز .. وی‌ر . لُوکینگ . فُر . دِ . مِنز . دی‌پارتمِنت .

Clerk: It's right over there, by the escalator.

فروشنده: درست (بالای) آنجاست. کنار آسانبر.

کِلِرک: ایتس . رایت . اُوِر . دِیر . بای . دِ . اِسکَلِتُر .

Diego: Here we are ... and here are the sport shirts.

دیگو: این ما ... و این هم پیراهنهای ورزشی.

دی یِگ: هی‌یِر . وی . آر . اَند . هی‌یِر . آر . دِ . اِسپورت . شِرتس .

Paulina: Look at this one. The color is perfect for you!

پائولینا: به این یکی نگاه کن. رنگش برای تو بسیار مناسب است!

پائولینا: لوک . اَت . دیس . وان . دِ . کالِر . ایز . پِرفِکْت . فُر . یُو .

Diego: I like it, too. How much is it?

دیگو: من هم آن را دوست دارم. قیمتش چقدر است؟

دی یِگُ: آی . لایک . ایت . تُو .. هاو . ماچ . ایز . ایت .

Paulina: It's on sale for $19.98.

پائولینا: به قیمت ۱۹.۹۸ دلار (۱۹ دلار و ۹۸ سنت) به فروش گذاشته شده است.

پائولینا: ایتس . آن . سِیل . فُر . نایِنتین . پوینت . نایِنتی . اِیت . دالِرز .

Diego: That's a good price. But I think they only have it in larg.

دیگو: قیمت خوبی (مناسبی) است. اما فکر می‌کنم فقط اندازهٔ بزرگ آن را دارند.

دی یِگُ: دَتس . اِ . گُود . پِرایس . بات . آی . تینک . دِی . اُنلی . هَو . ایت . این . لارج

Paulina: Excuse me! Could you help me?

پائولینا: ببخشید. می‌توانید کمکم کنید؟

پائولینا: اِکس . کیُوز . می . کُود . یُو . هِلپ . می

Clerk: Sure. What can I do for you?

فروشنده: حتماً. چکار می‌توانم برای شما انجام دهم؟

کِلِرک: شور . وات . کَن . آی . دُو . فُر . یُو

Paulina: Does this shirt come in medium?

پائولینا: آیا این پیراهن اندازهٔ متوسط هم دارد (در اندازهٔ متوسط عرضه شده است)؟

پائولینا: داز . دیس . شِرت . کام . این . می‌دی‌یِم .

Clerk: Yes, it does. Here's a medium.

فروشنده: بلی، دارد (شده). بفرمایید (این هم) اندازهٔ متوسط.

کِلِرک: یِس . ایت . داز .. هی‌یِرز . اِ . می‌دی‌یِم .

Diego: Great. We'll take it.

دیگو: عالی است. ما این را برمی‌داریم.

دی‌یِگُ: گِرِیْت . وی‌یل . تِیک . ایت

Clerk: Will that be cash or charge?

فروشنده: نقدی است (می‌پردازید) یا با حساب اعتباری (نسیه)

کِلِرک: ویل . دَت . بی . کَش . اُر . چارج

◆Do you have | this | in size 10?
carry | these | in green?

◆دُو . یُو . هَو . | دیس . | این . سایز . تِن
کَری . | دیز . | این . گرین

◆آیا شما | اندازه ۱۰ این را دارید؟
رنگ سبز اینها را عرضه می‌کنید؟

◇Yes, we do. ◇یِس . وی . دُو

◇بلی. داریم (می‌کنیم)

◇No. I'm sorry. We don't.

◇نُ . آیم . ساری . وی . دُنت

◇نه، متاسفم. نداریم (نمی‌کنیم)

◆Does this | come in | medium?
Do these | | beige?
size 8?
a | larger | size?
smaller

◆داز . دیس | کام . این | می‌دی‌یِم
دُوو . دیز | | بِی‌ژ
سایز . اِیت
اِ | لارجِر . | سایز
اِسمالِر

◆آیا از | این | (اندازهٔ) متوسط
اینها | (رنگ) بژ
(اندازهٔ) هشت | عرضه‌می‌شود؟
یک | اندازهٔ | بزرگتر
کوچکتر

◇Yes, | it does.
they do.

◇یِس | ایت . داز
دِی . دُو

◇بلی | (عرضه) می‌شود
(عرضه) می‌شوند

◇No, I'm sorry | It doesn't
They don't

◇نُ . آیم . ساری | ایت . دازِنت
دِی . دُنت

نه، متاسفم، | (عرضه) نمی‌شود
(عرضه) نمی‌شوند

That color looks better.

آن رنگ بهتر به نظر می‌رسد.

Allen: Excuse me. Could you help me? I'd like to exchang this sweater.

آلن: ببخشید. می‌توانید کمکم کنید؟ می‌خواهم این ژاکت را تعویض کنم.

آلِن: اِکسْیوز . می . کُود . یُو . هِلْپ . می .. آیْد . لایک . تُو . اِکس‌چِنْج . دیس . سُوویتِر .

Clerk: What's the problem with it?

فروشنده: مشکل (ایراد) آن چیست؟ *کِلِرک: واتس . دِ . پِرابْلِم . وید . ایت .*

Allen: It was a birthday gift, but I don't really like it. I want something plainer.

آلِن: این هدیهٔ تولد بود، اما، راستش، از آن خوشم نمی‌آید. یک چیز ساده‌تر می‌خواهم.

آلِن: ایت . واز . اِ . بِرت‌دِی . گیفت . بات . آی . دُنت . ری‌یِلی . لایک . ایت . آی . وانت . سام‌تینگ . پْلِیْنِر .

Clerk: I see ... well, why don't you look around?

فروشنده: درست ... خوب. چرا این اطراف را یک نگاهی نمی‌کنی؟

کِلِرک: آی . سی ... وِل . وای . دُنت . یُو . لُوک . اَراند .

Marta: I like these two, Allen. Try them on.

مارتا: من این دو تا را دوست دارم، آلِن. اینها را امتحان کن.

مارتا . آی . لایک . تُوو . آلِن .. ترای . دِم . آن .

Allen: OK. So, which one do you like?

آلن: باشه. خوب، کدام یکی را دوست داری؟

آلِن: اُکِی . سُ . ویچ . وان . دُو . یُو . لایک .

Marta: I like the red one much better than the black one.

مارتا: قرمز (قرمزه) را بیشتر از مشکی (مشکیه) دوست دارم.

مارتا: آی . لایک . دِ . رِد . وان . ماچ . بِتِر . دَن . دِ . بِلَک . وان .

Allen: Really? How come? I like the kind of black one.

آلِن: جدی؟ به من می‌آید؟ نوع مشکی (مشکیه) را دوست دارم.

آلِن: ری‌یِلی .. هاو . کام .. آی . لایک . دِ . کایِند . آو . بِلَک . وان .

Marta: The red one is longer and a little looser so it will be more comfortable.

مارتا: قرمزه بلندتر و کمی گشادتر است، پس راحت‌تر خواهد بود.

مارتا: دِ . رِد . وان . ایز . لانگِر . اَند . اِ . لیتِل . لُووزِر . سُ . ایت . ویل . بی . مُر . کامفُرت‌بِل .

Allen: True... and it feels softer.

آلن: درست است ... و نرمتر به نظر می‌رسد. *آلِن: تْرُوُو .. اَند . ایت . فیلز . سافتِر .*

Clerk: And that color looks better on you. Actually, it's a better quality and it's the same price as the sweater you're exchanging.

فروشنده: آن رنگ بهتر به تو می‌آید. راستش، جنسش بهتر است و قیمتش با ژاکتی که تعویض می‌کنید یکی (یکسان) است.

کِلِرک: اَند . دَت . کالِر . لُوکس . بِتِر . آن . یُو .. اَکچوآلی . ایتز . اِ . بِتِر . کُووالیتی . اَند . ایتس . دِ . سِیم . پرایس . اَز . دِ . سُوویتِر . یُور . چِیْنچینگ .

Allen: You've talked me into it! I'll take this one instead.

آلن: شما مرا به آن سفارش کردید! اما من در عوض این یکی را برمی‌دارم.

آلِن: یُوو . تاکد . می . این‌تو . ایت .. آی‌ل . تِیک . دیس . وان . اینستید

Clerk: No, problem. I'll switch them for you.

فروشنده: اشکالی ندارد. من آنها را برای شما می‌بندم (بسته‌بندی می‌کنم).

کِلِرک: نُ . پِرابلِم .. آی‌ل . سُوویچ . دِم . فُر . یُو .

برای مقایسه اشیاء از عبارات زیر استفاده می‌کنیم.

◆Which | hat / boots | do you like better?

◆ویچ | هَت / بوتس | دُو . یو . لایک . بِتِر

◆**کدام** | **کلاه / چکمه‌ها** | **را بهتر (بیشتر) دوست دارید؟**

◇I like | the green hat / this hat | better than | the yellow one. / that one.

◇آی لایک | دِ . گرین . هَت / دیس . هَت | بِتِر . دَن | دِ . یِلُ . وان . / دَت . وان .

◇**من** | **کلاه سبز / این کلاه** | **را بهتر (بیشتر) از** | **آن زرده / این یکی** | **دوست دارم.**

◇I like | the red boots / these boots | better than | the white ones. / those.

◇آی لایک | دِ . رِد . بوتس / دیز . بوتس | بِتِر . دَن | دِ . وایت . وانز . / دُز .

◇**من** | **چکمه‌های قرمز / این چکمه‌ها** | **را بهتر (بیشتر) از** | **آن (چکمه‌های) سفیدها / آنها** | **دوست دارم.**

برای تعویض اشیاء از عبارات زیر استفاده می‌کنیم

◆I'd like | a refund, / to get a refund, / to return this (sweater), / to exchange this (blouse), | please.

◆آید . لایک . | اِ . ری‌فاند / تو . گِت . اِ . ری‌فاند / تو . ری‌ترن . دیس . سُوویتر . / تو . اِکس‌چِنج . دیس . بلاوز | پلیز .

◆لطفاً می‌خواهم | باز پَس دادن / باز پَس گرفتن پول / این (ژاکت) را بازپس دهم. / این (بلوز) را عوض کنم

◇What's | the reason? / the problem with it?

◇واتز | دِ . ریزِن / دِ . پرابلِم . وید . ایت

◇ دلیلش / ایراد آن | چیست؟

◆It's | too big / small. / the wrong color.

◇ایتس | تُوو . بیگ / اِسمال / دِ . رانگ / کالِر

◇آن | خیلی بزرگ / کوچک / رنگ دیگر (نامناسب) | است؟

◇It doesn't fit

◇ایت . دازِنت . فیت

◇اندازه (مناسب) نیست

◊ It was a gift. I already have one.

◊ ایت . واز . گیفت .. آی . اُل‌رِدی . هَو . وان

آن یک هدیه بود. من یکی (مثل آن) را از قبل داشتم.

◊ I don't really like it.

◊آی . دُنت . ری‌یلی . لایک . ایت

◊ راستش، من آن را دوست ندارم.

◊ Of course. We can | exchcange it / give you a refund

◊آو . کُرْس . وی . کَن | اِکس‌چنج . ایت / گیو . یُو . اِ . ری‌فاند

◊البته. ما می‌توانیم | آن را عوض کنیم / مبلغ آن را به شما بازپس دهیم

◊ I'm sorry. There are no refunds or exchanges.

◊آیم . ساری . دِیر . آر . نُ . ری‌فاندز . اُر . اِکس‌چنج .

◊متاسفم. بازپس‌گیری (پس گرفتن) یا تعویض نداریم.

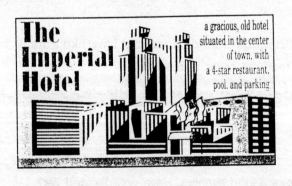

The Imperial Hotel
a gracious, old hotel situated in the center of town, with a 4-star restaurant, pool, and parking

And what would you like?

و تو چی دوست داری؟

Ted: Everything looks good. What are you going to have, Julie?

تِد: همه چیز خوب به نظر می‌رسد. جولی، چه چیزی می‌خواهی میل کنی؟

تِد: اِوری‌تینگ . لُوکس . گُوود . وات . آر . یُو . گُی‌یینگ . تو . هَو . جُولی .

Julie: I think I'll have the spaghetti and a salad. How about you? What are you having?

جولی: فکر می‌کنم من اسپاگتی و سالاد بخورم توچی؟ تو چی می‌خوری؟

جولی: آی . تینک . آی‌ل . هَو . دِ . اِسْپَگِتِی . اَند . سَلاد .. هاو . اِبات . یُو .. وات . آر . یُو . هَووینگ

Ted: Spaghetti sounds good, but I feel like a steak. I guess we're ready to order. Excuse me!

تِد: اِسپاگتی خوب به نظر می‌رسد، اما احساس می‌کنم اِستِیک دوست دارم. تصور می‌کنم (الان) آماده‌ایم سفارش (غذا) را بدهیم. ببخشید!

تِد: اِسَپِگِتی . ساندز . گُود . بات . آی . فیل . لایک . اِ . اِستیک . آی . گِس . وی‌ر . رِدی . تو . اُردِر .. اِکس‌کی‌یوز . می .

Waitress: Good evening. Have you decided yet?

پیشخدمت: عصر به خیر. تصمیمتان را گرفته‌اید؟

وِیتْرِس: گُوُد . ایوِنینگ .. هَو . یُو . دی‌سایدِد . یِت .

Julie: Yes. I'll have the spaghetti and a salad.

جولی: بلی، من اسپاگتی و سالاد می‌خورم.

جولی: یِس . آی‌ل . هَو . دِ . اِسپَگِتی . اَند . اِ . سَلاد

Waitress: And what kind of dressing would you like on your salad?

پیشخدمت: و چه نوع سُسی روی سالادتان دوست دارید؟

وِیتْرِس: اَند . وات . کایِند . آو . دِرِسینگ . وُود . یُو . لایک . آن . یُوُر . سَلاد .

Julie: I'd like oil and vinegar.

جولی: من روغن و سرکه می‌خواهم. جولی: آیْد . لایک . اُیْل . اَند . وِینیگِر .

Waitress: OK. And what would you like, sir?

پیشخدمت: بسیار خوب. و آقا، شما چه می‌خواهید؟

وِیتْرِس: اُکِی . اَند . وات . وُود . یُو . لایک . سِر .

Ted: I'd like a steak, medium-rare, please.

تِد: من یک اِستِیک نیم پز می‌خواهم، لطفاً.

تِد: آی‌د . لایک . اِ . اِستِیک . مِدیْ‌یِم . رِیْر . پلیز

Waitress: Would you like soup or salad with that?

پیشخدمت: آیا با آن (غذا) سوپ یا سالاد (هم) می‌خواهید؟

وِیتْرِس: وُود . یُو . لایک . سوپ . اُر . سَلاد . وِید . دَت .

Ted: What kind of soup do you have tonight?

تِد: امشب چه نوع سوپی دارید؟ تِد: وات . کایِند . آو . سوپ . دُو . یُو . هَو . تُونایت .

Waitress: Cream of mushroom and clam chowder.

پیشخدمت: حلیم قارچ و خوراک صدف [خوراکی.]

وِیتْرِس: کِریم . آو . ماش‌رُوم . اَند . کِلَم . چاوِدِر .

Julie: Clam chowder, please. And I'll have a baked potato and carrots.

جولی: لطفاً خوراک صدف [خوراکی.] و سیب‌زمینی سرخ کرده و هویج (هم) می‌خواهم.

جولی: کِلَم . چاودِر . پلیز . آند . آی‌ل . هَو . اِ . بیکْد . پُتیتُ . آند . کَرُتس .

Waitress: I'll be right back. with your soup and salad.

پیشخدمت: الان با سوپ و سالادِ شما برمی‌گردم.

وِیتْرِس: آی‌ل . بی . رایت . بَک . وید . یُور . سوپ . آند . سَلاد .

Julie: Thank you.

جولی: متشکرم

جولی: تَنک . یُو .

صورت غذا مِنُو **Menu**

Today's Lunch Specials

غذاهای مخصوص امروز تُودِیْز . لانچ . اِسپِشالز

Chicken Fingers

لُقمه ـ شیشلیک جوجه چیکِن . فینگِرز

Juicy strips of tender white meat deep-fried in crispy batter.

جُویسی . اِستریپس . آو . تِندِر . وایت . میت . دیپ . فِراید . این . کِریسپی . بَتِر .

تکه‌های آبدار گوشت سفید (مرغ) که در خیمر برشته‌ای کاملاً سرخ شده است.

Crab and Asparagus Quiche

دلمهٔ خرچنگ و مارچوبه کِرَب . آند . آسپَرَجِس . کُش

Made with real crab meat and tender, young asparagus tips

مِید . وید . ری‌یِل . کِرَب . میت . آند . تِندِر . یانگ . آسپَرَجِس . تیپس

تهیه شده از گوشت خالص خرچنگ و ساقه‌های مارچوبهٔ تُرد و تازه (نورس)

Hot Roast Beef Sandwich

ساندویچ گوشت بریان گوساله هات . رُست . بیف . سَندویچ .

Thick slices of beef. Cut fresh from the roast.

تکه‌های ضخیم گوشت گوساله (گاو) که تازه و ترد از گوشت سرخ شده بریده می‌شود.

Breaded Filet of Sole

تکه‌های مکعبی (فیله) ماهی حلوا *برِیدِد . فایلِت . آو . سُل*

Fresh sole, rolled lightly in bread crumbs, and baked to flaky

فِرش . سُل . رُلد . لایتلی . این . بِرِد . کِرامبز . اَند . بِیکد . تو . فِلَکی

ماهی حلوای تازه، که با ظرافت در تکه‌های نان پیچیده شده و به صورت ورقه ورقه سرخ شده است.

Perfection

پِرفِکشِن

مکملها

All specials come with your choice of:

اُل . اِسپِشالز . کام . وید . یُور . چُیس . آو

غذاهای مخصوص با مکملهای (ذیل) انتخابی شما ارائه می‌شود:

- Cream of Mushroom Soup or Green Salad.

(French or Oil & Vinegar Dressing)

کِریم . آو . ماش‌روم . سوپ . اُر . گِرین . سَلاد

فِرِنچ . اُر . اُیل . وینیگِر . دِرِسینگ .

سوپ حلیم قارچ یا سالاد سبز

(با سس فرانسوی یا سس روغن و سرکه)

- Potatoes: Baked, Mashed or French Fries.

پُتِی‌تُز . بِیکد . مَشد . اُر . فِرِنچ . فِرایز

ـ سیب‌زمینی: تنوری، پوره (شده)، سرخ کرده

- Vegetables: Buttered or Glazed Carrots

وِجتِبلز . باتْتِرد . اُر . گِلِیزد . کَرُتس

ـ سبزیها: هویج (خوابیده در) کره یا هویج روغن مال

- Dessert: Vanilla Ice Cream or Fresh Fruit

دیزرت . وانیلا . آیس . کِریم . اُر . فِرِش . فِرُوت

ـ دسر: بستنی وانیلی یا میوهٔ تازه

Would you care for any dessert?

آیا دِسر میل دارید؟

Waiter: OK, so that's one cheeseburger and one order of chiken wings, extra spicy. Would you like something to drink with that?

پیشخدمت: خوب، پس یک چیزبرگر شد و یک سفارش بال جوجه با ادویهٔ زیاد. آیا چیزی برای نوشیدن با آن می‌خواهید؟ (با غذا نوشابه هم می‌خواهید؟)

وِیتِر: اُکِی . سُ . دَتس . وان . چیزبرگِر . اَند . وان . اُردِر . آو . چیکِن . وینگز . اِکستِرا . اِسپایسی . وُود . یُو . لایک . سام‌تینگ . تو . دِرینک . وید . دَت

Carol: Do you have any diet Coke?

کارول: کوکا (همراه غذا) دارید؟ *کَرُل: دو . یُو . هَو . اِنی . دایِت . کُک .*

Waiter: I'm sorry, we don't. We have diet Pepsi.

پیشخدمت: متاسفم، نداریم. (ولی) پپسی (همراه غذا) داریم.

وِیتِر: آیم . ساری . وی . دُنت .. وی . هَو . دایِت . پپسی .

Carol: I'll have that, then.

کارول: پس همان را می‌خورم. *کَرُل: آی‌ل . هَو . دَت . دِن .*

Linda: Make it two.

لیندا: آن (پپسی) را دوتایش کن. *لیندا: مِیک . ایت . تُوو*

Waiter: Would you like to have your Pepsi now?

پیشخدمت: می‌خواهید پپسی‌تان را الان بخورید؟

وِیتِر: وُود . یُو . لایک . تو . هَو . یُور . پِپسی . ناو .

Linda: Yes, please.

لیندا: بلی، لطفاً. *لیندا: یِس . پِلیز*

Carol: No, thank you. I'll wait for my cheesburger.

کارول: نه، متشکرم. من تا (حاضر شدن) چیزبرگرم منتظر می‌مانم.

کَرُل: نُ . تَنک . یُو . آی‌ل . وِیْت . فُر . مای . چیزبِرگِر .

Waiter: And would you care for any dessert?

پیشخدمت: و، دِسر (هم) میل دارید؟ *وِیتِر: اَند . وُود . یُو . کِر . فُر . اِنی . دیزِرت*

Linda: No, thanks. I'm sure, I'll be full.

لیندا: نه، تشکر. مطمئنم که سیر می‌شوم.

لیندا: نُ . تَنکس . آیم . شور . آی‌ل . بی . فُوُل .

Carol: They have fantastic chocolate cheesecake here...

کارول: (اینجا) کیک پنیر شکلاتی محشری دارند.

کَرُل: دِی . هَو . فَنتَس‌تیک . چاکُلِیت . چیز کِیک . هی‌یِر .

Linda: They do? Well, maybe we could split some.

لیندا: راستی؟ بدمان نمی‌آید یک کم (کیک) با هم بخوریم (قسمت کنیم)؟

لیندا: دِی . دُو .. وِل . مِی‌بی . وی . کُود . اِسپلیت . سام .

Waiter: Would you like me to bring two forks?

پیشخدمت: می‌خواهید دو تا چنگال بیاورم؟

وِیتِر: وُود . یُو . لایک . می . تو . بِرینگ . تُوو . فُرکْس .

Carol: Yes, please. Good idea.

کارول: بلی، لطفاً. فکر خوبی است. *کَرُل: یِس . پِلیز . گُوود . آی‌دیا .*

هر گاه بخواهید چیزی درخواست کنید می‌توانید از عبارات زیر استفاده کنید

◆Would you	care for	anything	to drink?
	like	something	
Can I get you			

◆وُود . یُو	کِر . فُر	اِنی‌تینگ .	تو . دِرینک .
	لایک	سام‌تینگ	
کَن . آی . گِت . یُو			

◆آیا چیزی (یک چیزی / هیچ چیزی) برای نوشیدن | میل دارید؟ / می‌خواهید (دوست دارید)؟ / بیاورم؟

◇Do you have any iced tea?

◇آیا چای سرد دارید ◇ دُو . یُو . هَو . اِنی . آیسْد . تی

◆I'm	afraid	we don't.
	sorry	we're all out.
		we've run out.

◆آیم | اَفرِید | وی . دُنت / ساری | وِیر . اُل . اوت / وی‌و . ران . آوت

◆متأسفم | نداریم / تمام کرده‌ایم.

◇(I'll have) a Coke, then. ◇(آی‌ل . هَو) اِ . کُک . دِن

◇پس، کوکا (می‌خواهم)

◆Yes, certainly. ◆یِس . سِرتِنلی

◆بلی حتماً.

◇I'd like some,	please.
I'll have that,	

◇آید . لایک . سام / آی‌ل . هَو . دَت | پِلیز

◇لطفاً | من مقداری می‌خواهم / من آن را می‌خورم

Could I borrow your car?

می‌توانم ماشینت را قرض بگیرم؟

Andy: What's the matter, Paul?

اَندی: پُل، موضوع چیست؟ (چی شده؟) *اَندی: واتس . دِ . مَتِر . پُل*

Paul: Can you believe this? I locked my keys in the car, and I have to go to the airport to pick up my aunt.

پُل: این را باور می‌کنی؟ کلیدهایم را در داخل ماشین (جا گذاشته و درهای ماشین را) قفل کردم و برای سوار کردن عمه‌ام باید به فرودگاه بروم.

پُل: کَن . یُو . بیلیو . دیس . آی . لاکْد . مای . کییز . این . دِ . کار . اَند . آی . هَو . تو . گُ . تو . دِ . اِیرپُرت . تو . پیک . آپ . مای . آنت

Andy: So, what are you going to do?

اَندی: پس، چکار می‌خواهی بکنی؟ *اَندی: سُ . وات . آر . یُو . گُیینگ . تو . دُو*

Paul: I don't know... Hey, do you think I could borrow your car for a few hours?

پُل: نمی‌دانم... هِی، فکر می‌کنی برای چند (یکی دو) ساعت می‌توانم ماشینت را قرض (امانت) بگیرم؟

پُل: آی . دُنت . نُ .. هِی . دُو . یُو . تینک . آی . کُود . بارُرُ . یُور . کار . فُر . اِ . فی‌یُو . آوِرز .

Andy: I'm sorry, but I realy need it this afternoon.

اَندی: متاسفم، اما، راستش، امروز عصر آن را لازم دارم.

اَندی: آیم . ساری . بات . آی . ری‌یِلی . نید . ایت . دیس . آفتِرنُون .

Paul: Well, could you drive me home? I have spare keys there.

پُل: خوب. می‌توانی مرا تا خانه برسانی؟ من در آنجا کلیدهای یَدک (اضافی) دارم.

پُل: وِل . کُود . یُو . دِرایو . می . هُم . آی . هَو . اِسپیر . کییز . دِیر .

Andy: Sure. That's no problem.

اَندی: حتماً. مشکلی در این کار نیست. *اَندی: شُور . دَتس . نُ . پِرابلِم .*

Paul: Oh, and Andy? Do you have a quarter for the phone? My wallet's in the car.

پُل: اُ. اَندی؟ یک کوارتر (سکه) برای تلفن داری؟ کیفم داخل ماشین است.

پُل: اُ . اَند . اَندی .. دُو . یُو . هَو . اِ . کُووْارتِر . فُر . دِ . فُن . مای . وَلِتس . این . دِ . کار

Andy: Here you go. Anything else?

اَندی: بفرما. چیز دیگر (می‌خواهید)؟ *اَندی: هی‌یِر . یُو . گُ .. اِنی‌تینگ . اِلس*

Paul: No that's it. Thanks. I really appreciate it.

پُل: نه. (فقط) همین. تشکر. من واقعاً بابت آن سپاسگزارم.

پُل: نُ . دَنس . ایت . تنکس .. آی . ری‌یِلی . اَپْرِشی‌اِت . ایت .

Could you change my room?

می‌توانید اتاق مرا عوض کنید؟

Guest: Excuse me.

مهمان: معذرت می‌خواهم. گِست: اِکس‌کی‌یوز . می .

Clerk: Yes? What can I do for you?

متصدی پذیرش: بلی؟ چه کار می‌توانم برایت بکنم؟

کِلِرک: یِس . وات . کَن . آی . دُو . فُر . یُو

Gust: I just checked in, and there's a problem with my room.

مهمان: من اتاق را وارانداز کردم، مشکلی با اتاقم دارم. (اتاقم موردی دارد).

گِست: آی . جاست . چِکْد . این . اَند . دِیر . ایز . اِ . پِرابلِم . وید . مای . رُوم .

Clerk: And what is the problem?

متصدی پذیرش: مشکل (مورد) چیست؟ کِلِرک: اَند . وات . ایز . دِ . پِرابلِم .

Gust: I asked for a non-smoking room, and I don't have one. My room smells like cigarette smoke. I can't stand it. Could you change my room, please.

مهمان: من یک اتاق با ممنوعیت سیگار کشیدن خواستم. اما (چنین) اتاقی ندارم. اتاقَم بوی دود سیگار می‌دهد. نمی‌توانم آن را تحمل کنم. ببخشید، می‌توانید اتاقم را عوض کنید؟

گِست: آی . اَسْکْد . فُر . اِ . نان اِسمُکینگ . روم . اَند . آی . دُنت . هَو . وان .. مای . رُوم .

اِسمِلز . لایک . سیگارِت . اِسمُک .. آی . کانت . اِستَند . ایت .. کُود . یُو . چِینج . مای . رُوم . پلیز .

Clerk: Let me see... I'm sorry, but we don't have any more non-smoking rooms. We wont charge you for your room tonight.

متصدی پذیرش: اجازه بدهید ببینم... متاسفم اما دیگر اتاق با ممنوعیت سیگار کشیدن نداریم. هزینهٔ امشب اتاقتان را حساب نخواهیم کرد.

کِلِرک: لِت . می . سی .. آیم . ساری . بات . وی . دُنت . هَو . اِنی . مُر . نان اِسمُکینگ . رُومز .. وی . وُنت . چارج . یُو . فُر . یُور . رُوم . تُونایت .

Gust: Thank you.

مهمان: متشکرم. گِست: تَنک . یُو .

Clerk: I'm very sorry about this.

متصدی پذیرش: در این باره خیلی متاسفم. کِلِرک: آیم . وِری . ساری . اِبات . دیس .

Gust: That's OK. Thanks for your help.

مهمان: بسیار خوب. از کمکتان متشکرم.

گِست: دَتس . اُکی . تَنکس . فُر . یُور . هِلپ .

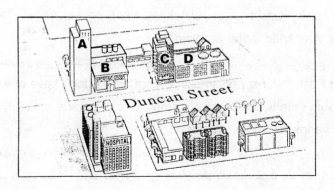

شکایات خود را به صورت مؤدبانه می‌توانید با عبارات زیر مطرح کنید

♦Excuse me.	I have a problem with	my room.
Sorry to bother you, but		my seat.
Could you help me?		

♦اِکس‌کی‌یوز . می	آی . هَو . اِ . پرابلِم . وید	مای رُوم .
ساری . تو . بادِر . یُو . بات		مای سیت .
کُود . یُو . هِلپ . می		

♦معذرت می‌خواهم.	**من با**	**اتاقم**	**مشکل دارم.**
متاسفم که به شما زحمت می‌دهم، اما		**صندلی‌ام**	
می‌توانید به من کمک کنید؟			

◊What's the problem?

◊مشکل (مسئله) چیست؟ ◊*واتس . دِ . پرابلِم*

◊What seems to be the problem?

◊مشکل به نظرتان چیست؟ ◊*وات . سیمز . تو . بی . دِ . پرابلِم .*

♦I asked for a non-smoking room.

♦من یک اتاق با ممنوعیت سیگار کشیدن خواستم.

♦*آی . آسکْد . فُر . اِ . نان‌اِسمُکینگ . رُوم .*

♦I requested the non-smoking section.

♦من قسمت (بخش) مخصوص غیرسیگاری‌ها را خواستم.

♦*آی . ری‌کُواستِد . دِ . نان‌اِسمُکینگ . سِکشِن .*

So, Where are you from

خوب، شما اهل کجایید؟

Brad: So, Paula, where are you from?

بِرَد: خوب، پائولا، شما اهل کجایید؟ *بِرَد: سُ . پائولا . وِر . آر . یُو . فِرام .*

Paula: I'm from Canada, originally.

پائولا: من در اصل (اجداد) از کانادا هستم. *پائولا: آیم . فِرام . کَنادا . اوریجینالی*

Brad: From Canada? Where were you born?

بِرَد: از کانادا؟ کجا به دنیا آمدی؟ *بِرَد: فِرام . کَنادا .. وِر . وِر . یُو . بُرن .*

Paula: Montreal.

پائولا: مونترال *پائولا: مُونْتِرال*

Brad: When did you come to Los Angeles?

بِرَد: کِی (چه وقت) به لوس آنجلس آمدی؟ *بِرَد: وِن . دید . یُو . کام . تو . لُس آنجلِس*

Paula: We moved here when I was fourteen.

پائولا: وقتی چهارده ساله بودم اینجا آمدیم. (نقل مکان کردیم).

پائولا: وی . مُوْود . هی‌یِر . وِن . آی . واز . فُرتین .

Brad: Did you go to school here?

بِرَد: اینجا به مدرسه رفتی؟

بِرَد: دید . یُو . گُ . تو . اِسکول . هی‌یِر

Paula: Well, I went to high school here, but I went to college in texas.

پائولا: خوب، در اینجا به دبیرستان رفتم، اما دانشکده را در تگزاس رفتم.

پائولا: وِل . آی . وِنت . تو . های . اِسکول . هی‌یِر . بات . آی . وِنت . تو . کالِج . این . تِکساس

Brad: Did you get a job right after graduation?

بِرَد: آیا بلافاصله پس از فارغ‌التحصیلی کار پیدا کردی؟

بِرَد: دید . یُو . گِت . اِ . جاب . رایت . آفتِر . گِرَجُوایشِن .

Paula: No, I traveled for a while in Europe after college and then I lived in France.

پائولا: نه، پس از دانشکده، مدتی در اروپا سفر می‌کردم و سپس در فرانسه زندگی کردم.

پائولا: نُ . آی . تِرَوِلد . فُر . اِ . وائِل . این . یوروپ . آفتِر . کالِج . آند . دِن . آی . لیوْد . این . فِرَنس

Brad: When was that?

بِرَد: آن (زندگی در فرانسه) کِی بود؟ *بِرَد: وِن . واز . دَت*

Paula: Let's see... That was about six years ago.

پائولا: اجازه بده ببنیم... حدود شش سال پیش بود.

پائولا: لِتس . سی .. دَت . واز . اِبات . سیکْس . یرز . اِگُ

Brad: I bet that was interesting. What did you do there?

بِرَد: شرط می‌بندم که (مسافرتت) جالب بود. آنجا چه کار کردی؟

بِرَد: آی . بِت . دَت . واز . اینتِرِستینگ . وات . دید . یُو . دُو . دِیْر

Paula: I studied French. Anyway... that's enough about me. How about you? Were you born in L.A.?

پائولا: من فرانسه خواندم. بگذریم... در مورد من کافی است. در مورد تو چی؟ تو در لوس آنجلس به دنیا آمدی؟

پائولا: آی . اِستادید . فِرِنچ . اِنی‌وِی . دَتس . ایناف . اِبات . می . هاو . اِبات . یُو . وِرْ . یُو . بُرن . این . اِل . اِی .

انگلیسی در سفر (کتاب دوم)

الگوی مکالمه زیر را برای تبادل اطلاعات بین خود و دیگران می‌توانید به کار ببرید.

♦Where are you from?	◊(I'm from) Canada, orginally.
♦اهل کجایید ♦وِر. آر. یُو. فِرام	◊ در اصل، کانادایی هستم
♦Where were you born?	◊(I was born in) Montreal
♦کُجا به دنیا آمدی ♦وِر. وِر. یُو. بُرن	◊(در) مونترال (به دنیا آمده‌ام)
	◊ آی. واز. بُرن. این. مُونتِرال.
♦Were you born in Los Angeles? / Hong Kong?	◊Yes, I was
	◊بلی، درست است. ◊یِس. آی. واز
♦وِر. یُو. بُرن. این لُس اَنجِلِس / هُنگ. کُنگ	◊No, I was born in / I'm from Canada.
♦در لوس آنجلس / هنگ کنگ متولد شدی؟	◊نُ آی. واز. بُرن. این / آیم. فِرام کَنادا
	◊نه من در / من از کانادا متولد شدم. / هستم

الگوی مکالمه زیر را برای تبادل اطلاعات بین خود و دیگران می‌توانید به کار ببرید.

♦Did you go to school here?

♦آیا اینجا به مدرسه رفته‌ای (در این شهر درس خوانده‌ای؟)

♦دید. یُو. گُ. تو. اِسکول. هی‌یِر

◊Yes I went to high school here, but I went to college in Texas.

No I went to school in Boston.

◊یِس. آی. وِنت. تو. های. اِسکُول. هی‌یِر. بات. آی. وِنت. تو. کالِج. این. تِکساس

نُ. آی. وِنت. تو. اِسکول. این. بُستُن

◊بلی، اینجا به دبیرستان رفتم، اما دانشکده (مدرسه عالی) را در تگزاس رفتم (گذراندم).

نه، در بُستُن به مدرسه رفته‌ام.

♦Did you get a job right after college?

◊آیا بلافاصله بعد از دانشکده کار پیدا کردی؟

◊دید . یُو . گِت . اِ . جاب . رایت . آفتِر . کالِج .

◊No I traveled in Europe for a while.

نُ . آی . تِرَوِلد . این . یُوروپ . فُر . اِ . وایل

◊نه، مدتی در اروپا سفر می‌کردم.

◊Yes I started working right away.

◊یِس . آی . اِستارتِد . وُرکینگ . رایت . اِوِی

◊بلی به محض اتمام (دانشکده) شروع به کار کردم.

I like men who...
are sensitive.
are funny.
are generous.
are intelligent.
are open-minded.

How long did you do that?

در چه مدت آن را انجام دادی؟

between

John: Kathy! How are you? It's been ages! What are you doing these days?

جان: کَتی! حالت چطور است؟ سالهاست (که تو را ندیده‌ام)! حالا (این روزها) چه کار می‌کنی؟

جان: کَتی . هاو . آر . یُو .. ایتس . بین . اِیجز . وات . آر . یُو . دُوُیینگ . دیز . دِیْز .

Kathy: I just opened my own restaurant. I'm also head chef.

کَتی: من فقط یک رستوران باز کرده‌ام. سرآشپز هم هستم.

کَتی: آی . جاست . اُپِنْد . مای . اُوْن . رستُورَنت .. آیْم . اُلْسُ . هِد . شِف

John: You're kidding! You've always hated cooking!

جان: شوخی می‌کنی! تو همیشه از آشپزی بَدَت می‌آمد (متنفر بودی)!

جان: یُور . کیدینگ .. یُوْوْ . اُلْوِیْز . هِیتِد . کوکینگ .

Kathy: Well, I used to hate cooking, but now I love it.

کَتی: خوب. قبلاً از آشپزی (عادتاً) بدم می‌آمد اما حالا آن را خیلی دوست دارم.

کَتی: وِل . آی . یُوزد . تو . هِیت . کوکینگ . بات . ناو . آی . لاو . ایت

John: When did you change your mind?

جان: کِی نظرت را (در این باره) تغییر دادی؟ *جان: وِن . دید . یُو . چِیْنج . یُور . مایْند .*

Kathy: After I tried French food. Before that, I used to cook really boring things for my family.

کتی: پس از آنکه غذای فرانسوی را امتحان کردم. قبل از آن، راستش، عادت داشتم چیزهای ناخوشایند برای خانواده‌ام بپزم.

کَتی: آفتِر . آی . تِراید . فِرِنچ . فُود . بی‌فُر . دَت . آی . یُوزد . تو . کُوک . ری‌یِلی . آبرینگ . تینگز . فُر . مای . فَمیلی

John: I still can't believe it! So, did you go to cooking school or something?

جان: هنوز هم نمی‌توانم آن را باور کنم. خوب، مدرسهٔ آشپزی یا جای دیگر رفته‌ای؟

جان: آی . اِستیل . کانت . بی‌لیو . ایت . سُ . دید . یُو . گُ . تو . کوکینگ . اِسکُول . اُر . سام‌تینگ

Kathy: Yeah. I went to California to study.

کَتی: آره، برای تحصیل به کالیفرنیا رفتم.

کَتی: یِ . آی . وِنت . تو . کالیفُرنیا . تو . اِستادی

John: Really? How long did you stay there?

جان: واقعاً؟ چه مدت آنجا بودی (ماندی)؟

جان: ری‌یِلی .. هاو . لانگ . دید . یُو . اِستِی . دِیْر

Kathy: I was there between '88 and '90.

کَتی: بین سالهای ۸۸ تا ۹۰ آنجا بودم.

کَتی: آی . واز . دِیر . بیت‌وِین . اِیتی . اِیت . آند . ناینتی

John: And what did you do after that?

جان: پس از آن چه کار کردی؟

جان: آند . وات . دید . یُو . دُو . آفتِر . دَت

Kathy: Then I came back here. I worked for about three years to get some experience.

کَتی: سپس به اینجا برگشتم. حدود سه سال برای کسب تجربه کار کردم.

کَتی: دِن . آی . کِیم . بَک . هی‌یِر .. آی . وُرکْد . فُر . اِبات . تِری . یِرز . تو . گِت . سام . اِکسپیرِینْس .

John: That's great! So, where is your restaurant? I'm going to eat there this weekend!

جان: عالیه! خوب، رستورانت کجاست؟ می‌خواهم آخر این هفته آنجا غذا بخورم.

جان: دَتس . گِریت .. سُ . وِر . ایز . یُور . رِستُورَنت .. آیم . گُیینگ . تو . ایت . دِر . دیس . وِیکْ‌اِند .

Have you ever been to Japan?

تا به حال در ژاپن بوده‌اید؟

hanging over

Jack: Have you ever been to Japan? I'm going in the fall.

جَک: تا به حال در ژاپن بوده‌اید؟ پاییز (به آنجا) می‌روم.

جَک: هَو . یُو . اِوِر . بین . تو . جَپَن .. آیم . گُیینگ . این . دِ . فآل

Ted: Yeah, I've been there twice.

تِد: دوبار آنجا بودم. *تِد: یِ . آیْو . بین . دِیر . تُووایس*

Jack: Really? Tell me about it. What's it like?

جَک: راستی؟ برای من دربارهٔ آن بگو. چطور (جایی) است؟

جَک: ری‌یِلی .. تِل . می . اِبات . ایت . واتس . ایت . لایک .

Ted: Oh, it's fantastic.

تِد: اُ. خیلی عالیه. (فوق‌العاده است.) *تِد: اُ . ایتْس . فَنتَستیک*

Jack: Where did you go?

جَک: کُجا رفتی؟ *جَک: وِر . دید . یُو . گُ*

Ted: On my first trip I went to Tokyo, and on my second trip I visited Kyoto.

تِد: در سفر اولم به توکیو رفتم، و در سفر دوم از کیوتو دیدار کردم.

تِد: آن . مای . فِرْست . تِریپ . آی . وِنت . تو . توکیو . اَند . آن . مای . سِکِند . تِریپ . آی . ویزیتِد . کیوتو

Jack: What did you think of Tokyo?

جَک: درباره توکیو چه فکر می‌کنی (نظرت چیست)؟

جَک: وات . دید . یُو . تینک . آو . توکیو

Ted: Very big and exciting, but very crowded, too.

تِد: خیلی بزرگ و هیجان‌انگیز، اما خیلی هم شلوغ.

تِد: وِری . بیگ . اَند . اِکسایتینگ . بات . وِری . کِراوِدِد . تُوو

Jack: Yeah. I've seen pictures of the crowds!

جَک: آره عکسهایی از شلوغی (جمعیت) آنجا را دیده‌ام!

جَک: یِ . آیْو . سین . پیکچِرز . آو . دِ . کِراوْدز .

Ted: And the restaurants are excellent... but they're kind of expensive.

تِد: و رستورانهایش بسیار عالی است... اما تاحدودی گران هستند.

تِد: اَند . دِ . رِستورَنتس . آر . اِکْسِلِنت .. بات . دِیر . کایِند . آو . اِکس‌پِنسیوْ

Jack: And how about Kyoto?

جَک: و کیوتو چطور؟ *جَک: اَند . هاو . اِبات . کیوتو*

Ted: Kyoto is lovely. It's full of beautiful old temples and gardens. It's a very historic city.

تِد: کیوتو دوست داشتنی است. پر از معابد و باغهای قدیمی زیباست. یک شهر بسیار تاریخی است.

تِد: کیوتو . ایز . لاولی .. ایتس . فُول . آو . بیُوتی‌فول . اُلد . تِمپِلز . اَند . گاردِنز .. ایتس . اِ . وِری . هیستوریک . سیتی

Jack: How was the weather?

جَک: هوا چطور بود؟ *جَک: هاو . واز . دِ . وِدِر*

Ted: I was in Tokyo in August, and it was really hot and humid. I went to Kyoto in October. It was hot and sunny, but there was no humidity.

تِد: در آگوست در توکیو بودم، هوا واقعاً گرم و مرطوب بود. در اکتبر به کیوتو رفتم.

هوا گرم و آفتابی بود، اما رطوبت نداشت.

تِد: آی . واز . این . توکیو . این . آگوست . آند . ایت . واز . ری‌یلی . هات . آند . هیُومید .. آی . وِنت . تو . کیوتو . این . اُکتُبر . ایت . واز . هات . آند . سانی . بات . دِر . واز . نُ . هیُومیدیتی

Jack: Sounds perfect. I can't wait!

جک: به نظر که عالیه! نمی‌توانم منتظر بمانم!

جَک: ساندز . پِرفِکت .. آی‌کانت . وِیْت

اگر بخواهید توضیح یا نظر کسی را درباره چیزی بدانید می‌توانید عبارات زیر را به کار ببرید.

♦What	did do	you think of	Tokyo? it?

♦نظرت دربارهٔ	توکیو آن	چی بود؟ است؟	♦وات	دید دُو	یُو . تینک . آو	توکیو ایت

How was	Tokyo? it?

توکیو آن	چطور بود؟	هاو . واز	توکیو ایت

What	was is	Tokyo like? it?

توکیو آن	شبیه چی	بود؟ است؟	وات	واز ایز	توکیو ایت	لایک

◊It was very big and exciting, but it was very crowded.

It's quite old, but it has a lot of modern buildings.

◊ایت . واز . وِری . بیگ . آند . اِکسایتینگ . بات . ایت . واز . وِری . کِراوْدِد .

ایتس . کُوِایت . اُلد . بات . ایت . هَز . اِ . لات . آو . مادِرن . بیلدینگز .

◊بسیار بزرگ و هیجان‌انگیز بود، اما خیلی شلوغ (هم) بود.

بسیار قدیمی است، اما ساختمانهای جدید زیادی هم دارد.

◆What | was / is | the weather like?

◆هوا شبیه چی (چطور) | بود؟ / است؟ ◆وات | واز / ایز | دِ . وِدِر . لایک

How | was / is | the weather?

هوا (چطور) | بود؟ / است؟ هاو | واز / ایز | دِ . وِدِر .

◊It was really hot and humid?

◊واقعاً گرم و مرطوب بود ◊ایت . واز . ری‌یلی . هات . اَند . هیُومید

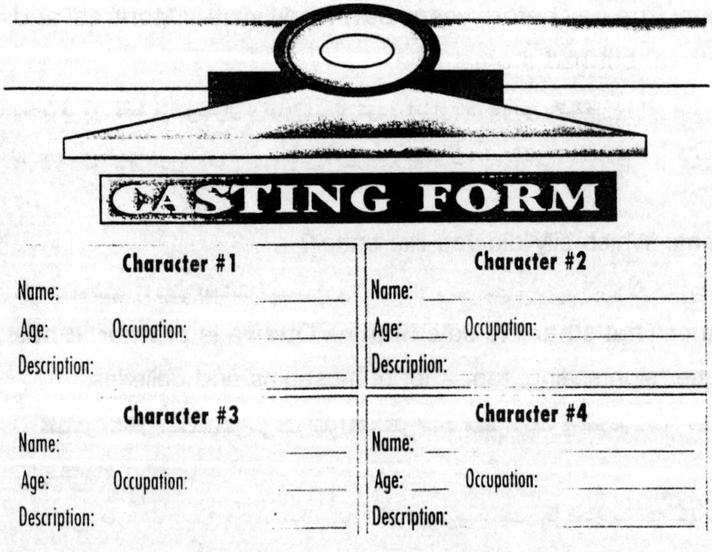

CASTING FORM
Character #1
Name:
Age: Occupation:
Description:
Character #2
Name:
Age: Occupation:
Description:
Character #3
Name:
Age: Occupation:
Description:
Character #4
Name:
Age: Occupation:
Description:

Which city did you like better?

کدام شهر را بهتر (بیشتر) پسندیدی؟

hanging on

Dana: Oh, hi Pam. When did you get back from Canada? How was it?

دانا: اُ. سلام پَم. کِی از کانادابرگشتی؟ آنجا چطور بود؟

دانا: اُ . های . پَم . وِن . دید . یُو . گِت . بَک . فِرام . کَنادا .. هاو . واز . ایت

Pam: The day before yesterday. I only visited Montreal and Ottawa, but had a great time.

پَم: پریروز. فقط از مونترال و اُتاوا دیدار کردم، اما اوقات خوبی داشتم.

پَم: دِ . دِی . بیفُر . یِستِردِی .. آی . اُنلی . ویزیتِد . مونترال . اَند . اُتاوا . بات . هَد . اِ . گرِیت . تایم

Dana: Which city did you like better?

دانا: کدام شهر را بهتر (بیشتر) پسندیدی؟ *دانا: ویچ . سیتی . دید . یُو . لایک . بِت‌تِر*

Pam: That's hard to say... I think Ottawa is prettier. It has better sightseeing, too. A lot of museums and galleries.

پَم: گفتنش مشکل است... فکر می‌کنم اُتاوا قشنگتر است. منظرهٔ بهتری هم دارد. موزه‌ها و نگارخانه‌های زیادی دارد

پَم: دَتس . هارد . تو . سِی .. آی . تینک . اُتاوا . ایز . پِرتی‌یِر .. ایت . هَز . بِتِر . سایت‌سیینگ . تُوو .. اِ . لات . آو . میوزی‌یِمز . اَند . گَلِریز .

Dana: And what's Montreal like? What did you think of it?

دانا: و مونترال چطور است؟ نظرت دربارهٔ آن چیست؟

دانا: آند . واتس . مونترال . لایک .. وات . دید . یُو . تینک . آو . ایت

Pam: Montreal is more exciting. It has better shopping. The stores are cheaper and more interesting.

پَم: مونترال هیجان‌انگیزتر است. برای خرید بهتر است. مغازه‌ها جالبتر و (جنسهایشان) ارزانتر هستند.

پَم: مونترال . ایز . مُر . اِکسایتینگ .. ایت . هَز . بِتِر . شاپینگ . دِ . اِستُرز . آر . چیپر . آند . مُر . اینتِرِستینگ

Dana: Which one has better nightlife?

دانا: کدامیک تفریحات شبانهٔ بهتری دارند؟ *دانا: ویچ . وان . هَز . بِتِر . نایت‌لایف*

Pam: Oh, Montreal for sure. It has more restaurants and clubs. They say Montreal is the most exciting city in Canada.

پَم: اُ، مطمئناً مونترال. آن رستورانها و کلوپهای بیشتری دارد. گفته می‌شود مونترال هیجان‌انگیزترین شهر در کانادا است.

پَم: اُ . مونترال . فُر . شور .. ایت . هَز . مُر . رِستوُرَنتس . آند . کِلابز .. دِی . سِی . مونترال . ایز . دِ . مُست . اِکسایتینگ . سیتی . این . کَنادا .

Dana: Well, I've always wanted to see Vancouver. I've heard it has the most beautiful views.

دانا: خوب، همیشه می‌خواستم وَن‌کُور را ببینم. شنیده‌ام که زیباترین منظره‌ها را دارد.

دانا: وِل . آیْوْ . اُلوِیْز . وانتِد . تو . سی . وَنْ‌کُوِر .. آیْوْ . هی‌یِرد . ایت . هَز . دِ . مُست . بی‌یُوتیفُول . ویُوز .

What are you going to do?

می‌خواهی چه کار بکنی؟

in the corner (of)

Counselor: Only three more months to go! So, what are you going to do after you graduate, Donna?

مشاور: فقط سه ماه دیگر مانده! خب، دُنا پس از اینکه از تحصیل فارغ شدی چه کار می‌خواهی بکنی؟

کانسِلِر: اُنلی . تِری . مُر . مانتس . تو . گُ . سُ . وات . آر . یُو . گُیینگ . تو . دُو . آفتِر . یُو . گرَجوُات . دُنا .

Donna: I'm going to go to college in ohio.

دنُا: می‌خواهم در اوهایو به مدرسهٔ عالی بروم

دُنا: آیم . گُیینگ . تو . گُ . تو . کالِج . این . اُهایُ

Counselor: Have you decided what you're going to major in?

مشاور تصمیم گرفته‌ای که در چه رشته‌ای می‌خواهی وارد شوی؟

کانسِلِر: هَو . یُو . دی سایدِد . وات . یُوور . گُیینگ . تو . مِیجِر . این

Donna: Uh - huh. I'm planning to study engineering.

دُنا: آ ـ ها. تصمیم دارم (یک رشتهٔ) مهندسی بخوانم.

دُنا: آه ها. آیم . پِلَنینگ . تو . اِستادی . اینجینِرینگ

Counselor: That's a good field. And what about you, simon?

مشاور: رشتهٔ خوبی است. تو چی، سیمون؟

کانسلِر: دِتس . اِ . گوُود . فیلد .. آند . وات . اِبات . یُو . سیمون

Simon: My father is going to give me a job in his company. I'll probably work there about a year so I can learn the basics.

سیمون: پدرم می‌خواهد در شرکت خود شغلی به من بدهد. احتمالاً در حدود یک سال آنجا کار خواهم کرد. می‌توانم بدینسان مبانی را یاد بگیرم.

سیمون: مای . فادِر . ایز . گُیینگ . تو . گیوْ . می . اِ . جاب . این . هیز . کُمپَنی . آی ل . پِرابْبلی . وُرک . دِیر . اِبات . اِ . یِیر . سُ . آی . کن . لِرن . دِ . بیسیکس.

counselor: And what are you doing after that?

مشاور: وَ پس از آن چه کار می‌کنی؟ کانسِلِر: آند . وات . آر . یُو . دوُیینگ . آفتِر . دَت

Simon: After that. I'm going back to school to get my degree in business.

سیمون: پس از آن به مدرسه برمی‌گردم تا مدرکم را در (رشتهٔ) بازرگانی بگیرم.

سیمون . آفتِر . دَت . آیم . گُیینگ . بَک . تو . اِسکُول . تو . گِت . مای . دِگری . این . بیزینِس

Counselor: That sounds very practical . How about you, fong? what do you plan to do next year?

مشاور: خیلی معقول به نظر می‌رسد. تو چی، فانگ؟ تو برای سال آینده چه برنامه‌ای داری؟

دت . ساندز . وِری . پِرَکتیکال .. هاو . اِبات . یُو . فانگ .. وات . دوُ . یُو . پِلَن . تو . دُو . نِکست . یِر .

Fong: I'm planning to take it easy for a while. I'm going to spend some time traveling in Europe, but I'm coming back after that to study.

فانگ: تصمیم دارم برای یک مدت (درسم را) کنار بگذارم. می‌خواهم مدتی را صرف مسافرت در اروپا بکنم. اما پس از آن برای تحصیل بازمی‌گردم.

فانگ: آیم . پِلَنینگ . تو . تِیک . ایت . ایزی . فُر . اِ . وایل .. آیم . گُیینگ . تو . اِسپِند . سام .

تایم . تِرَوِلینگ . این . یُورپ . بات . آیم . کامینگ . بَک . آفتِر . دَت . تو . اِستادی

Counselor: How long will you be there?

مشاور: تا چه مدت آنجا خواهی بود؟ کانسِلِر: هاو . لانگ . ویل . یُو . بی . دِیْر

Fong: Well, I'm leaving in June, and I'm coming home for christmas, so I'll be there about six months.

فانگ: خوب: در ماه ژوئن درمی‌آیم، و در کریسمس به خانه برمی‌گردم. پس حدود شش ماه آنجا خواهم بود.

فانگ: وِل . آیم . لیوینگ . این . جُون . اَند . آیم . کامینگ . هُم . فُر . کریسمَس . سُ . آی‌ل . بی . دِر . اِبات . سیکس . مانْتس

What do you wnat to do?

می‌خواهی چه کار بکنی؟

on the corner (of)

Henry: Hi, Alice ... have you made any New year's resolutions yet?

هنری: سلام، آلیس ... آیا تا به حال برای سال جدید نیت کرده‌ای؟

هِنری: هایِ. آلیس ... هَو . یُو . مِید . اِنی . نیُو . یِرز . ری‌سُلوُشِنز . یِت.

Alice: Just the usual. I'd like to lose some weight, and I want to save some money.

آلیس مثل همیشه. می‌خواهم وزن کم کنم، و می‌خواهم مقداری پول پس‌انداز کنم.

آلیس: جاست . دِ . یوُژول . آی‌د . لایک . تو . لوُز . سام . وِیت . اَند . آی . وانت . تو . سِیْو . سام . مانی

Henry: come on! Every bady makes those resolutions!

هنری: خوبه و الاّ! همه همان نیتها را کرده‌اند!

Alice: I know. well, I hope I'll get a promotion at work, but that's not a resolution. I am going to work harder. How about you?

آلیس: می‌دانم. خوب، امیدوارم که در کارم ارتقا بگیرم، اما این یک نیت نیست. می‌خواهم بیشتر کار کنم. تو چی؟

آلیس: آی . نُ .. وِل . آی . هُپ . آی‌ل . گِت . اِ . پْرُمُشِن . اَت . وُرک . بات . دَتس . نات . اِ . ری‌سُلوشِن .. آی . اَم . گُیینگ . تو . وُرک . هاردِر .. هاو . اِبات . یُو

Henry: Hmm, I quit smoking last June. That was last year's promise to myself.

هِنری: همم، ژوئن گذشته سیگار کشیدن را ترک کردم. آن (کار) قولِ (عهد) پارسالم به خودم بود.

هِنری، همم. آی . کوُویت . اِسمُکینگ . لَست . جُون .. دِت . واز . لَست . یِرز . پِرامیس . تو . مای‌سِلف

Alice: So, what do you want to do this year?

آلیس: خوب، امسال می‌خواهی چه کار بکنی؟

آلیس: سُ . وات . دُو . یوُ . وانت . تو . دُو . دیس . یِر

Henry: I want to start getting more exercise. I have to lose weight, so I'd like to join a health club. Jeff ... what are you going to do?

هِنری: می‌خواهم شروع کنم ورزش (تمرین) بیشتری بکنم. باید وزن کم کنم. بنابراین دوست دارم وارد یک باشگاه بدنسازی شوم. جف ... تو چه کار می‌خواهی بکنی؟

هنری: آی . وانت . تو . اِستارت . گِتینگ . مُر . اِکْسِرسایْز . آی . هَو . تو . لاس . وِیت . سُ . آیْد . لایک . تو . جُیْن . اِ . هِلس . کِلاب .. جِف ... وات . آر . یُو . گُیینگ . تو . دُو

Jeff: I'd like to treat myself to a really nice vacation.

جِف: می‌خواهم خودم را به یک مرخصی واقعاً عالی مهمان کنم.

جِف: آی‌د . لایک . تو . تریت . مای‌سِلف . تو . اِ . ری‌یِلی . نایس . وَکِیْشِن.

Alice: Oh? where do you think you'll go?

آلیس: اُ؟ فکر می‌کنی کُجا بروی؟

آلیس: اُ . وِر . دو . یُو . تینک . یُوول . گُ

Jeff: I don't know. I might go to a quiet beach in mexico or I might go fishing up in Canada. I haven't made up my mind yet.

جِف: نمی‌دانم. شاید به یک ساحل آرام در مکزیکو بروم یا شاید (هم) برای ماهیگیری به

کانادا بروم. هنوز تصمیمم را نگرفته‌ام.

جِف: آی . دُنت . نُ . آی . مایت . گُ . تو . اِ . کُوئِایت . بیچ . این . مِکزیکُ . اُر . آی . مایت . گُ . فیشینگ . آپ . این . کَنادا .. آی . هَوِنت . مِید . آپ . مای . مایِند . یِت

برای گفتگو دربارهٔ آیندهٔ الگوی زیر می‌تواند راهنمای خوبی باشد

◆what do you want to do?

◆چه کار می‌خواهی بکنی؟ ◆وات . دُو . یُو . وانت . تو . دُو

what would you like to do?

دوست داری چه کار بکنی؟ (چه کار می‌خواهی بکنی؟)

وات . وُود . یُو . لایک . تو . دُو

what are you going to do?

می‌خواهی چه کار بکنی؟ وات . آر . یُو . گُیینگ . تو . دُو

◇I'd like to lose my weight.

◇می‌خواهم وزن کم کنم آی‌د. لایک . تو . لُوز . مای . وِیت

I want to start getting more exercise.

◇می‌خواهم شروع به انجام ورزش (تمرین) بیشتر بکنم.

◇آی . وانت . تو . اِستارت . گِتینگ . مُر . اِکْسِرسائیز

Don't I know you from somewhere?

آیا من شما را جایی دیده‌ام؟

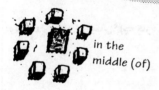

in the middle (of)

Paul: This line is taking forever! پُل: این صف همیشه شلوغ است!

پُال: دیس . لاین . ایز . تِی‌کینگ . فُر . اِوِر

Masako: It sure is. But lunch hour is the busiest time of day.

ماساکو: حتماً(همینطور است). اما ساعت ناهار شلوغترین زمان روز است.

ماساکو: ایت . شور . ایز . بات . لاُنچ . آوِر . ایز . دِ . بیزی‌یِست . تایم . آو . دِی

Paul: That's true: Especially at the end of the month.

پُل: درست است. به خصوص در آخر ماه.

پُل: دَتس . ترو . اِسپِشالی . اَت . دِ . اِند . آو . دِ . مانث

Masako: Mm - hmm ماساکو: اِمم

ماساکو: اِمم.

Paul: you know, you look really familiar. Don't I know you from somewhere?

پُل: میدانید: شما خیلی به نظرم آشنا می‌آیید من شما را جایی ندیده‌ام؟

پُل: یُو . نُ . یُو . لُوک . رِی‌یِلی . فَمی‌لیار .. دُنت . آی . نُ . یُو . فِرام . سام‌وِر

Masako: I'm not sure. ماساکو: مطمئن نیستم

ماساکو: آیم . نات . شوُر

Paul: I think we were in the same computer course a couple of years a go with Miss Clark?

پُل: فکر میکنیم چند سال پیش در یک کلاس کامپیوتر بودیم با دوشیزه کلارک.

پُل: آی تینک . وی . وِر . این . دِ . سِیم . کامپیوتر . کُرس . اِ . کاپِل . آو . یِرز . اِگُ . وید . میس . کِلارک.

Masako: I remember you now! **ماساکو: حالا به خاطر آوردم.**

ماساکو: آی . ری‌مِمْبِر . یُو . ناو

Paul: My name's Paul. Paul Miller. **پُل: اسمم پُل است. پُل میلر.**

مای . نِیمز . پُل . پل . میلر

Masako: I'm Masako Itoh. It's good to see you again. sorry I didn't recognize you at first.

ماساکو: من ماساکو ایتو هستم. خوشحالم دوباره ترا می‌بینم. متأسفم که اول شما را نشناختم.

ماساکو: آیم . ماساکو . ایتو . ایتس . گُود . تو . سی . یُو . اِگِین . ساری . آی . دیدِنت رِکُگنایز . یُو . اَت . فِرست

Paul: well, my hair was a lot longer then, and I wore glasses.

پُل: خوب، آن موقع موهای من بلندتر بود و عینک می‌زدم.

پُل: وِل: مای . هِیر . واز . اِ . لات . لانگِر . دِن . اَند . آی . وُر . گِلَسِز

2. Asking if you've met before.

۲ ـ سئوال کنید آیا قبلاً همدیگر را ملاقات کرده‌اید.

◆Don't I know you from somewhere?   آیا من شما را جایی دیده‌ام؟

*دُنت . آی . نُ . یو . فِرام . سام‌وِر

◆Haven't we met before?   آیا قبلاً همدیگر را ملاقات کرده‌ایم.

هَونت . وی . مِت . بی‌فُر

◇I'm not sure. | Do you?
              | Have we?

◇مطمئن نیستم. شما چی (فکر می‌کنید)؟

◇آیم . نات . شُوِر . | دُو . یُو .
هَو . وی |

◆I think we were in the same computer course.

فکر میکنم در یک کلاس کامپیوتر بودیم

آی . تینک . وی . وِر . این . دِ . سِیم . کامپیوتر . کُرس

◆you were in my computer class, weren't you?

شما در کلاس کامپیوتر من بودید . اینطور نیست؟

یو . ور . این . مای . کامپیوتر . کِلَس . وِرِنْت . یُو؟

◇Oh, yes. I remember you now. ◇اُ. بله، شما را به خاطر آوردم. ◇اُ . یِس . آی . ری‌مِمْبِر . یُو . ناو ◇yes, that's right. ◇بله، درست است. یِس، دَتس . رایت	◇No, I don't think so. ○نه، فکر نمی‌کنم. ◇نُ، آی . دُنت . تینک . سُ ◇I think you have the wrong person. فکر میکنم اشتباه گرفتید آی . تینک . یُو . هَو . دِ . رانگ . پِرسِن
◆My name's Paul. Paul Miller اسم من پُل است. پُل میلر مای . نِیمز . پُل . پُل . میلر ◇I'm Masako Itoh. ◇من ماساکو ایتو هستم. ◇آیم . ماساکو . ایتو.	◆oh, sorry. اُ، متأسفم اُ . ساری

I've heard a lot about you!

در مورد شما زیاد شنیده‌ام!

Louis: Hi. sorry I'm late

لوئیس: سلام. متأسفم که دیر کردم.

لوئیس: های . ساری . آیم . لِیت

Gina: oh, that's OK. We just got here. Louis, this is my fiancé, Max. Max, this is my old friend, Louis. We went to school together.

جینا: اُ، اشکالی ندارد. ما همین الان اینجا رسیدیم. لوئیس، این نامزد من ماکس است. ماکس، این دوست قدیمی من لوئیس است. ما با هم به مدرسه می‌رفتیم.

جینا: اُ، دَتس اُکِی . وی . جاست . گات . هی‌یر .. لوئیس، دیس . ایز . مای فی‌یانْسِی، ماکس . ماکس: دیس . ایز . مای . اُلد . فِرند، لوئیس .. وی . وِنت . تو اِسکول توگِدِر .

Max: Hi, Louis. I'm really glad to meet you.

ماکس: سلام، لوئیس. من واقعاً از ملاقات شما خوشوقتم.

ماکس: های، لوئیس . آیم . ری‌یِلی . گِلَد . تو . میت . یُو

Louis: Hi, Max. I've heard a lot about you.

لوئیس: سلام، ماکس. من در مورد شما زیاد شنیده‌ام.

لوئیس: های . ماکس . آی‌و هی‌یرد. اِ . لات . اِبات . یُو

Max: All good, I hope!

ماکس: امیدوارم همه‌اش خوب باشد

ماکس: اُل . گود . آی . هُپ

Gina: Louis just got back from california.

جینا: لوئیس تازه از کالیفرنیا بازگشته است.

جینا: لوئیس. جاست . گات . بَک . فِرام . کالیفُرنیا.

Max: Really? How was it?

ماکس: راستی؟ چطور بود؟

ماکس: ری‌لی .. هاو . واز . ایت

Louis: It was fantastic

لوئیس: عالی بود

لوئیس: ایت . واز . فَن‌تَستیک

Gina: you went with your brother, didn't you?

جینا: شما با برادرتان رفته بودید، اینطور نیست؟

جینا: یُو وِنت . وید . یُور . بِرادِر، دیدِنت . یُو

Louis: Yeah. we saw a lot of California, that's for sure!

لوئیس: آره، ما بیشتر جاهای کالیفرنیا را دیدیم، آره مطمئنم!

لوئیس: یِ . وی . سْاو . اِ . لات . آو . کالیفُرنیا، دَتس . فُر . شُور

Max: I hear you like golf.

ماکس: شنیده‌ام که به بازی گلف علاقمند هستید.

ماسک: آی . هی‌یِر . یُو . لایک . گُلف

Louise: Love it! we played six different golf courses. Do you play?

لوئیس: آن را خیلی دوست دارم. ما شش نوبت کامل گلف بازی کردیم. شما (گُلف) بازی می‌کنید؟

لوئیس: لاو . ایت! وی . پِلید . سیکس . دیفِرِنت . گُلف . کُرْسِز .. دُو . یُو . پِلی

Max: I sure do! How about a game this weekend?

ماکس: البته که بازی می‌کنم! با بازی آخر همین هفته چطوری؟

ماکس: آی . شُور . دُو .. هاو . اِبات . اِ . گیم. دیس . ویک‌اِند

Gina: Uh - oh. I was afraid of this

جینا: آه ـ اُ. از همین می‌ترسیدم.

جینا، آه ـ اُ . آی . واز . آفرِید . آو . دیس

عبارتهای کوتاه زیر نمونه‌های مناسبی از ساختارهایی هستند که در گفتگوهای عادی به کار می‌روند.

◆I hear you like golf. ◆شنیده‌ام بازی گلف را دوست دارید.

◆آی . هی‌یِر . یُو . لایک . گُلف

Do you	play golf?	
	like to go	to art galleries?
		fishing?

دُو . یُو .	پِلِی . گُلف	
	لایک . تو . گُ.	تو . آرت . گالِریز
		فیشینگ

(آیا شما) گلف بازی می‌کنید؟

(آیا شما) دوست دارید به نمایشگاه هنر بروید؟

(آیا شما) دوست دارید به ماهیگیری بروید؟

◊Yes, I do. I love golf. ◊بله، من بازی میکنم. من عاشق گلف هستم. ◊یِس، آی . دُو .. آی . لاو . گُلف	◊No, I don't. ◊نه، بازی نمی‌کنم. ◊نُ، آی . دُنت
◊All the time. ◊همیشه ◊اُل . دِ . تایم	◊Never. ◊هرگز. ◊نِوِر
◊Whenever I can. ◊هر وقت که بتوانم ◊وِن اِوِر . آی . کَن	◊I'm afraid I don't. ◊متاسفم، خیر. ◊آیم . اَفرِید . آی . دُنت
◊Sometimes. ◊بعضی اوقات ◊سام تایمز	

برای معرفی دوستان به یکدیگر می‌توانید از عبارات زیر استفاده کنید

◆ lois, this is (my fiancé,) Max. Max, this is Louis.

◆لوئیس، این (نامزد من) ماکس است. ماکس، این لوئیس است.

◆لوئیس، دیس . ایز (مای . فی‌یَنسِی) ماکس .. ماکس . دیس . ایز . لوئیس

◇ I'm (really) glad | to meet you.
It's nice

◇(واقعاً) از ملاقات شما خوشحال شدم *◇آیم . (ری‌یلی) گِلَد . تُو . میت . یُو*

◇از دیدن شما خوشوقتم. *◇ایتس . نایس . تُو . میت . یو*

◆ I'm | glad | to meet you, too.
It's | nice
good

◆من هم از ملاقات شما خوشحال شدم *◆آیم . گِلَد . تُو . میت . یُو . تُو ..*

◆من هم از دیدن شما خوشوقتم *◆ایتس . نایس . تُو . میت . یُو . تُو ..*

◆دیدن شما مایه خوشبختی است *◆ایتس . گُود . تُو . میت . یُو . تُو ..*

به نمونهٔ دیگری از مکالمات کوتاه توجه نمایید.

◆ Louis just got back form California.

◆لوئیس تازه از کالیفرنیا برگشته است

◆لوئیس . جاست . گات . بَک . فِرام . کالیفرنیا

◇ (Really?) | How was it?
How long | were you / was he | there?
which part did | you / he | visit?

◇(واقعاً؟) آنجا (کالیفرنیا) چطور بود؟ *◇(ری‌یلی) . هاو . واز . ایت*

◇چه مدت آنجا بودی؟ *◇هاو . لانگ . وُر . یُو . دِر*

◇چه مدت آنجا بود؟ *◇هاو . لانگ . واز . هی . دِر*

◇کجاها را دیدی؟ *◇ویچ . پارت . دید . یُو . وی‌زیت*

◇کجاها را دیده است؟ *◇ویچ . پارت . دید . هی . وی‌زیت*

Where can you get it cleaned?

کجا می‌دهید این را تمیز کنند؟

Don: I'm glad. you're here. what a terrible morning!

دان: خوشحالم که اینجا هستی. چه صبح بدی!

دان: آیم . گِلَد . یُوور . هی‌یِر . وات . اِ . تِری‌بِل . مُرنینگ

Neal: why? what happened? **نیل: چرا؟ چه اتفاقی افتاده (چی شده)؟**

نیل: وای .. وات . هَپِند

Don: After I got dressed for the wedding, I was having a cup of coffee, and I spilled it all over my shirt.

دان: لباسهایم را که برای (رفتن به) عروسی پوشیدم داشتم یک فنجان قهوه میخوردم که روی پیراهنم ریختم.

دان: آفتِر . آی . گات . دِرِسد . فُر . دِ . وِدینگ .. آی . واز . هَوینگ . اِ . کاپ . آو . کافی، اَند . آی . اِسپیلد . ایت . اُوِر . مای . شِرت

Neal: Well, it looks OK now. **نیل: خوب، الآن که تمیز به نظر می‌رسد.**

نیل: وِل، ایت . لُوکْس . اُکِی . ناو

Don: Luckily, I had another white shirt, so I changed.

دان: خوشبخانه یک پیراهن سفید دیگر داشتم که عوض کردم.

دان: لاکی‌لی . آی . هَد . اَن آدِر . وایت . شِرت، سُ . آی . چِنجد.

Neal: Uh , Don, is there a place around here where you can

get a pair of pants cleaned quickly?

نیل: آ، دان، جایی را در این حوالی سراغ داری که فوراً یک شلوار را بدهیم بشویند (تمیز کنند)؟

نیل: آه، دان، ایز . دِر . اِ . پلِیس . اَراند . هی یِر . وِر . یُو . گَن . گِت . اِ . پِیْر . آو . پَنتس . کلیند . کوئیک لی

Don: There's a one - hour dry cleaner in the shell Building on Madison. it's about two bloks from here.

دان: یک خشکشویی یک ساعته در شِل بیل‌دینگ در (خیابان) مَدیسون است. تا اینجا دو بلوک فاصله دارد.

دان: دِرْز . اِ . وان ـ آوِر . دِرای . کلینِر . این . دِ . شِل . بیل‌دینگ . آن . مَدیسون .. ایتس . اِبات . تُو . بِلاکس . فِرام . هی‌یِر

Neal: So, it's close. That's good. And which one is the Shell Building?

نیل: خوب، نزدیک است. خوبه. کدام (ساختمان) شِل بیل‌دینگ است؟

نیل: سُ، ایتس . کِلُز . دِتس . گُود . اَند . ویچ . وان . ایز . دِ . شِل . بیل‌دینگ؟

Don: It's that big, glass office building just past the park. But why all these questions about the dry cleaner?

دان: همان ساختمان بزرگ شیشه‌ای اداری است (که) درست بعد از پارک (است). اما این همه سوال در مورد خشکشویی برای چیه؟

دان: ایتس . دَت . بیگ، گِلَس . آفیس . بیل دینگ . جاست . پَست . دِ . پارک .. بات . وای . اُل . دیز . کوُاسشِنْز . اِبات . دِ . دِرای . کِلینِر

Neal: Because we have to stop there on the way to the wedding. I think you sat in something.

نیل: سر راه رفتن به عروسی مجبوریم آنجا توقف کنیم. فکر می‌کنم روی چیزی نشسته‌ای؟

نیل: بی‌کاز . وی . هَو . تو . اِستاپ . دِر . آن . دِ . وِی . تو . دِ . وِدینگ .. آی . تینک . یُو . سَت . این . سام تینگ

Don: Oh, on!

دان: اُ، نه!

دان: اُ، نُ

Practice 1

تمرین ۱

Student A: Ask your partner where you can get the following errands done.

دانش‌آموز الف: از هم گروهی خود بپرسید کجا می‌توانید بدهید کارهای ذیل را انـجام دهند؟

اِستیودِنت. اِی: اَسک. یُور. پارتْ‌نِر. وِر. یُو. کَن. گِت. .دِ. فالوئینگ. اِیرَنْدْز. دان.

1. Your camera repaired ۱ ـ برای تعمیر دوربین شما

وان: یُور. کَمِرا. رِیپِیرد

2. Some photocopies made ۲ ـ برای گرفتن چند فتوکپی

تُو: سام. فُتُکُپِیز. مِید

3. a prescription filled ۳ ـ برای پیچیدن یک نسخه

تِری. اِ. پِریسکِریپِشِن. فیلد

4. Your jacket dry - cleaned ۴ ـ برای خشکشویی ژاکت شما

فُر: یُور. جَکِت. دِرای. کلِیند

5. Your passport picture taken. (۴ × ۶) ۵ ـ برای گرفتن عکس گذرنامه‌ای

فایو: یُور. پَس‌پُرت. پیکچِر. تِیکِن

انگلیسی در سفر (کتاب دوّم)

6. Your hair cut

۶- برای کوتاه کردن موهایتان

سیکس: یُور. هِیر. کات.

Student B: Check the map below and tell your partner the name of the place and its location.

دانش‌آموز ب: نقشهٔ زیر را ببینید و به هم گروهی خود نام مکـانها و مـوقعیت آنـها را بگوئید.

اِستیودِنت. بی: چِک. دِ. مَپ. بی‌لُو. اَند. تِل. یُور. پارتْنِر. دِ. نِیم. آو. دِ. پلِیس. اَند. ایتس. لُکِیْشِن

Practice 2

تمرین ۲

Student A: Ask about four of the following buildings.

دانش‌آموز الف: در مورد چهار تا از ساختمانهای زیر سئوال کنید.

اَستیودِنت. اِی: اَسک . اَبات . فُر . آو . دِ . فالوئینگ . بیل‌دینگز

Student B: Describe the building and say where it is located.

دانش‌آموز ب: ساختمان را توصیف کنید و موقعیت آن را بگوئید

اِستیودِنت . بی: دیس کِرایب . دِ . بیل‌دینگ . اَند . سِی . ور . ایت . ایز . لُکیتِد

Reverse roles and talk about the other four.

نقش‌های خود را عوض کنید و در مورد چهار ساختمان دیگر صحبت کنید

ری‌وِرس . رُلز . اَند . تاک . اِبات . دِ . آدِر . فُر

Student A	Student B
دانش‌آموز الف اِستیودِنت . اِی ..	دانش‌آموز ب اِستیودِنت . بی ..
1. the king Building	1. big, glass office building
ساختمان کینگ	ساختمان بزرگ شیشه‌ای اداری
دِ . کینگ . بیل‌دینگ	بیگ . گِلَس . آفیس . بیل‌دینگ
2. police Headqurters	2. low, red brick building
اداره مرکزی پلیس	ساختمان قرمز کوتاه آجری

لُئو، رِد . بریک . بیلدینگ	پُلیس . هِدکُوارترز
3. building with the domed roof	**3. the planetarium**
ساختمان با سقف گنبدی	افلاک نما
بیلدینگ . وید . دِ . دامد . روف	دِ . پِلِنتاریُم .
4. old, gray stone builing	**4. the Museum of Natural Science**
ساختمان قدیمی خاکستری سنگی	موزه علوم طبیعی
اُلد . گِری . إستون . بیلدینگ	دِ . میوزیم . آو . نَچرال . ساینس
5.round glass tower	**5. the Grant Bank Tower**
برج مدور شیشه‌ای	برج گِرانت بانک
راند . گِلَس . تاوِر	دِ . گِرانت . بَنک . تاوِر
6. low, white building	**6. the Italian Embassy**
ساختمان کوتاه سفید	سفارت ایتالیا
لُئو، وایت . بیلدینگ	دِ . ایتالین . إمبَسی
7. large, red brick building	**7. the Shop - Rite Department Store**
ساختمان بزرگ آجری قرمز رنگ	فروشگاه چند منظوره
لارج، رِد . بریک . بیلدینگ	دِ . شاپ ـ رایت . دیپارتمِنت . إستور
8. big, black office tower	**8. the City Reference Library**
برج بزرگ اداره‌ای سیاه رنگ	کتابخانه مرجع شهر
بیگ، بلَک . آفیس . تاوِر	دِ . سیتی . رفرنس . لایبرری

Where are the Ladies' gloves?

(قسمت فروش) دستکش زنانه کجاست؟

CHEW TABLETS BEFORE
SWALLOWING

Clerk: Next, please!

فروشنده: (نفر) بعدی، لطفاً!

کِلِرک، نِکست، پلیز.

Customer # 1: Could you tell me where the toy department is?

مشتری اول: ممکن است به من بگوئید قسمت اسباب‌بازی کجاست؟

کاستُمِر . وان: کُود . یُو . تِل . می . وِر . دِ . تُویْ . دیپارت‌مِنت . ایز .

Clerk: The toy department is on the fourth floor ... Next?

فروشنده: قسمت اسباب‌بازی در طبقهٔ چهارم است ... بعدی؟

کِلِرک: دِ . تُی . دیپارت مِنت . ایز. آن . دِ . فُرت . فِلور ... نِکْست .

Customer # 2: Where can I exchange this computer game?

مشتری دوم: کجا می‌توانم این بازی کامپیوتری را تعویض کنم؟

کاستُمِر . تُو: وِر . کَن . آی . اِکس‌چنج . دیس . کامپیوتِر . گِیم.

Clerk: You can do that in Electronics on five ... Can I help you?

فروشنده: می‌توانید در طبقهٔ پنجم قسمت الکترونیک کارتان را انجام دهید ... می‌توانم کمکتان کنم؟

کِلِرک: یو کَن . دو. دَت . این . اِلِکترونیکس . آن . فایو ... کَن . آی . هِلپ . یو .

Customer # 3: I'm looking for ladies' gloves.

مشتری سوم: من به دنبال قسمت دستکش‌های زنانه میگردم.

کاستومر . تری: آیم . لُوکینگ . فُر . لِیدیز. گِلاوز.

Clerk: Ladies' gloves here on the main floor. Walk down this aisle to the scarf counter. Turn left. They're just past the handbags.

فروشنده: قسمت دستکش‌های زنانه اینجا در طبقهٔ اصلی است. این راهرو را تا غرفهٔ روسری پائین بروید. بپیچید سمت چپ. آن درست پس از (غرفهٔ) کیفهای دستی است.

کِلِرک: لِیدیز. گِلاوز . آر . هییر . آن . دِ . مِین . فِلور . واک . دائون . دیس . آیـل . تـو . دِ . اِسکارف . کائونتر . تِرن . لِفت . دِیر . جاست . پَست . دِ . هَندبَگز.

Customer # 4: Is there a pharmacy in this mall?

مشتری چهارم: در بازارچه داروخانه (هم) هست؟

کاستُمِر . فور: ایز . دِر . اِ . فارمِسی . این . دیس. مال .

Clerk: yes, there is. Just walk down there past the fountain. The pharmacy is about four stores down from there on your left.

فروشنده: بله (داروخانه) هست. درست همینجا را برو و فواره (آب‌نما) را رد کن داروخانه چهار مغازه پائین‌تر از آنجا در سمت چپ شما است.

کِلِرک: یِس، دِر . ایز . جاست . واک . دان . دِر . پَست . دِ . فائُنتِین .. دِ . فارمِسی . ایز . اِبات . فُر . اِستُرز . فِرام . دِر . آن . یُور . لِفت .

Customer # 4: thank you

مشتری چهارم: متشکرم

کاستُمِر فُر: تَنک یُو

Clerk: yes, sir?

فروشنده: بله، آقا؟

کِلِرک: یس، سِر

Customer # 5: Where can I watch TV while my friends are shopping?

مشتری پنجم: وقتی دوستانم خرید می‌کنند من کجا می‌توانم تلویزیون تماشا کنم؟

کاستُمِر فایو: وِر . کَن . آی . واچ . تی‌وی . وایل . مای . فِرندز . آر . شاپینگ

برای پرسیدن نشانی یک جنس در فروشگاه می‌توانید از الگوهای زیر استفاده کنید

♦Could you tell me where the toy depatrment is?

♦**می‌توانید به من بگوئید قسمت اسباب‌بازی کجاست؟**

♦کُود . یو . تِل . می . وِر . دِ . تُی . دیپارت مِنت . ایز؟

♦Where can I exchange this computer game?

♦**کجا می‌توانم این بازی کامپیوتری را تعویض کنم؟**

♦وِر . کَن . آی . اِکس‌چنج . دیس . کامپیوتِر . گِیم؟

◊The toy department is on the fourth floor.

◊**قسمت اسباب‌بازی در طبقهٔ چهارم است.**

◊دِ . تُی . دیپارت‌مِنت . ایز . آن . دِ . فُرت . فِلور

◊You can do that in Electronice on five.

◊**شما می‌توانید در طبقه پنجم قسمت الکترونیک این کار را انجام دهید.**

◊ یو . کَن . دو . دَت . این . اِلِکترونیکس . آن . فایو

الگوهای زیر نمونه‌های دیگری از پرسش و پاسخ در فروشگاه برای یافتن جنس مورد نظر است.

♦I'm looking for gloves for my sister.

♦**برای خواهرم به دنبال (در جستجوی) دستکش هستم.**

♦آیم . لُوکینگ . فُر . گِلُوز . فُر . مای . سیستِر

◊Ladies' gloves are here on the main floor. Walk down this aisle to the scarf counter. Turn left. They're just past the handbags.

◊**دستکشهای زنانه در سالن اصلی است. این راهرو را تا پیشخوان روسری‌ها ادامه بده (بعد) به سمت چپ بپیچ. دستکشها درست بعد از کیفهای دستی قرار دارند.**

◊لِیدیز . گلاوز . آر . هی‌یِر . آن . دِ . مِین . فلُور .. واک . دائون . دیس . آیْل.تو . دِ.اِسکارف. کائونتِر .. تِرن . لِفت .. دِیْر . جاست . پَسْت . دِ . هَندبَگز

کدام را از کجا می‌توان خرید؟

نوع خرید	نوع فروشگاه
some sheets and pillow cases **مقداری پارچه و روبالشی** *سام . شیتس . اَند . پیلُو کِیسِز*	a tape and CD store **فروشگاه نوار کاست و سی‌دی** *اِ . تِیپ . اَند . سی‌دی . اِستُر*
a new pair of jeans **یک شلوار جین جدید** *اِ . نْیُو . پِیر . آو . جینز*	a book store **کتابفروشی** *اِ . بوک . اِستُر*
some jewelry **مقداری جواهر** *سام . جُوولِری*	a children's shoe store **فروشگاه کفش کودکان** *اِ . چیلدْرِنز . شُو . اِستُر*
some wrapping paper and a card **مقداری کاغذ کادو و یک کارت** *سام . رَپینگ . پِیپِر . اَند . اِ . کارد*	an adult shoe store **فروشگاه کفش بزرگسالان** *اَن . اَدالت . شو . اِستُر*
some film for your camera *سام . فیلم . فُر . یُور . کَمِرا* **فیلم برای دوربینتان**	a hair salon *اِ . هِیر . سالُن* **آرایشگاه**
your ideas **طرح‌های شما** *یُور . آی‌دیاز*	your ideas **طرح‌های شما** *یُور . آی‌دیاز*

Could I please speak to Hellen?

ببخشید، می‌توانم با هِلِن صحبت کنم؟

IMPORTANT
FINISH ALL THIS MEDICINE UNLESS
OTHERWISE DIRECTED BY PRESCRIBER

Hellen: Hello?

هلن: سلام؟ (اَلو)

هِلِن: هِلُل

Danny: Hello. Could I please speak to Hellen

دَنی: سلام. می‌توانم با هِلن صحبت کنم.

دَنی: هِلْل . کُود . آی . پلیز . اِسپیک . تو . هِلِن

Hellen: Speaking

هِلِن: خودمم. (هِلِن صحبت می‌کند.)

هِلِن: اِسپیکینگ

Danny: Hi, Hellen. This is Danny. Listen, I'm having a party at my place this Friday night. Are you free?

دَنی: سلام، هلن. دنی هستم. گوش کن، جمعه شب در منزلم یک مهمانی دارم. وقتت آزاد است؟ (کاری که نداری؟)

دَنی: های. هِلِن . دیس . ایز . دَنی . لیسِن . آیم . هَوْوینگ . اِ . پارتی . اَت . مای . پلیس . دیس . فِرای‌دِی . نایت .. آر . یُو . فری

Hellen: Sure! What time?

هِلِن: حتماً. کِی؟ (چه ساعتی؟)

هِلِن: شُور .. وات . تایم

Danny: Any time after 8:00

دَنی: هر وقت پس از ساعت ۸ *دَنی: اِنی . تایم . آفتِر . اِیت*

Hellen: Great! See you Friday, then.

هِلِن: عالیه! پس جمعه می‌بینمت *هِلِن: گریت .. سی . یُو . فِرای‌دِی . دِن*

Mrs. King: Hello?

خانم کینگ: سلام؟ *میسیز کینگ: هِلُل*

Danny: Hi, Mrs King. Is John there, please?

دَنی: سلام خانم کینگ. ببخشید جان آنجاست؟

دَنی: های . میسیز . کینگ . ایز . جان . دِیر . پلیز .

Mrs. King: I'm sorry he's not here right now. Could I take a message?

خانم کینگ: متأسفم الان اینجا نیست. می‌توانم پیامتان را یادداشت کنم (بگیرم)؟

میسیز کینگ: آیم . ساری . هیز . نات . هی‌یِر . رایت . ناو . کُود . آی . تِیک . اِ . مِسِیْج .

Danny: Yes, please. I'm calling to tell him there's a party at my place on Friday, and...

دَنی: بلی، لطفاً. زنگ زدم به او بگویم که جمعه در منزلم یک مهمانی دارم، و ...

دَنی: یِس . پِلیز . آیْم . کالینگ . تو . تِل . هیم . دِیْرز . اِ . پارتی . آت . مای . پـلِیْس . آن . فِرای‌دِی . اَند ...

Mrs. King: Let me get a pen. All right, go ahead.

خانم کینگ: اجازه بده یک خودکار بیاورم. بسیار خوب، ادامه بده.

میسیز کینگ: لِت . می . گِت . اِ . پِن .. اُل . رایت . گُ . اِهِدْ .

Danny: OK, this is Danny Silver, and my number is 364-0107. Could you ask him to call me at home? I can give him all the details then.

دَنی: بسیار خوب. من دنی سیلوِر هستم شمارهٔ تلفنم ۳۶۴۰۱۰۷ است. لطفاً از او بخواهید به من در منزل زنگ بزند. همهٔ جزئیات را، آن وقت، به او می‌گویم.

دَنی: اُکِی . دیس . ایز . دَنی . سیلوِر . اَند . مای . نامبِر . ایز . تِری . سیکس . فُر . اُ . وان . اُ .
سِوِن ..گُود ..یُو . اَسک . هیم . تو . کال . می . اَت . هُم .. آی . کَن . گیو . هیم . اُل . دِ . دیتیلز .
دِن .

Mrs. King: Sure, I'll give him the message as soon as he gets in. I'll tell him to call Danny at 364-0107.

خانم کینگ: حتماً. همینکه رسید پیام را به او می‌دهم و می‌گویم که به دَنی در شمارهٔ ۳۶۴۰۱۰۷ زنگ بزند.

میسیز کینگ: شور . آیل . گیو . هیم . دِ . مِسِیج . از . سون . اَز . هی . گِتْس . این . آیل . تِل .
هیم . تو . کال . دَنی . اَت . تِری . سیکس . فُر . اُ . وان . اُ . سِون .

Danny: Thanks. Good-bye.

دَنی: تنکس . گود . بای   دَنی: متشکرم. خداحافظ.

PART B

How often do you...	Always	Often	Sometimes	Never
get headaches?	☐	☐	☐	☐
feel very tired?	☐	☐	☐	☐
catch colds?	☐	☐	☐	☐
have insomnia?	☐	☐	☐	☐
feel absolutely fantastic?	☐	☐	☐	☐

پس از برقراری ارتباط تلفنی اگر قصد صحبت کردن با شخص معینی را دارید می‌توانید از عبارات زیر استفاده کنید.

◆Hello? ◆هِلُ‌ل ◆سلام؟	◆Hello? ◆هِلُ‌ل ◆سلام؟ (اَلو؟)
◇Hi, Is Hellen there, please?	◇Hi, Could I please speak to Hellen?
◇های . ایز . هِلِن . دِیر . پلیز	◆های . کُود . آی . پلیز . اِسپیک . تو . هِلِن
◇سلام. ببخشید، هِلِن آنجاست؟	◆سلام. ببخشید، می‌خواهم با هِلِن صحبت کنم.
◆Sure. Just a moment / minute please.	◆سلام. (ببخشید، می‌توانم با هِلِن صحبت کنم؟)
شُور . جاست . اِ مُمِنت / مینِت . پلیز	◆Speaking
◆بلی (حتماً). یک لحظه گوشی لطفاً.	◆خودم هستم ◆اِسپیکینگ
◆Hold on. I'll get her.	◇Hi, Hellen. This is Danny.
◆هُلد . آن .. آی‌ل . گِت . هر	◇های . هِلِن . دیس . ایز . دَنی .
◆گوشی را داشته باش. پیدایش می‌کنم.	◇سلام هِلِن. دنی هستم.

در مکالمات تلفنی، اگر قصد دارید برای شخصی پیام بگیرید

◆I'm sorry, he's not here right now. / he can't come to the phone right now.

◆آیم . ساری . هییز . نات . هی‌یر . رایت . ناو / هی . کانت . کام . تو . دِ . فُن . رایت . ناو

◆متاسفم الان اینجا نیست. / الان نمی‌تواند صحبت کند.

◆Could / Can I take a message?

◆کُود / کَن آی . تِیک . اِ . مِسیج

◆(اگر می‌خواهید) من پیغامتان را بگیرم.

◇No thanks. I'll call back. ◇نُ . تَنکس . آی‌ل . کال . بَک

◇نه، متشکرم. دوباره زنگ می‌زنم

◇Yes, please. ◇یِس . پلیز

◇بله، لطفاً

برای یادداشت کردن پیامهای تلفنی می‌توانید به روش زیر عمل کنید.

◆Let me get a pen. All right, go ahead.

◆**اجازه بده خودکار بیاورم. بسیار خوب. بفرمایید.**

◆*لِت . می . گِت . اِ . پِن .. آل . رایت . گُ . اِهِد .*

◇Could you	ask him to	call	Danny	at home?
	have him		me	when he gets in?

◇*کُود . یو .*	*آسک . هیم . تو*	*کال*	*دَنی*	*اَت . هُم*
	هَو . هیم		*می*	*وِن . هی . گِتس . این*

می‌توانید از او بخواهید به	**دنی در منزل**	**زنگ بزند؟**	
◇**وقتی (به منزل) آمد**	**من**		

◇This is Danny Silver, and my number is 364-0107.

◇*دیس . ایز . دَنی . سیلوِر . آند . مای . نامبِر . ایز . تری . سیکس . فُر . اُ . وان . اُ . سِوِن*

◇**دنی سیلور هستم و شمارهٔ تلفنم ۳۶۴۰۱۰۷ است.**

◇I'm calling to tell	John	there's a party at my place on Friday.
Please tell	him	I'll pick him up at 6:30.

◇*آیم . کالینگ تو . تِل*	*. جان*	*دیِرز . اِ . پارتی . اَت . مای . پلِیس . آن . فِرای‌دِی*
پلیز . تِل	*هیم*	*آی‌ل . پیک . هیم . آپ . اَت . سیکس . تِرتی*

◇**زنگ زدم به**	**جان**	**بِگَم که جمعه در منزلم یک مهمانی دارم.**
لطفاً بگو به	**او**	**که در ساعت ۶/۵ سوارش می‌کنم.**

◆OK. I'll tell him to call Danny Silver at 364-0107.

◆*اُکِی . آی‌ل . تِل . هیم . تو . کال . دَنی . سیلوِر . اَت . تِری . سیکس . فُر . اُ . وان . اُ . سِوِن*

◆**بسیار خوب، به او می‌گویم که با دنی سیلور با شمارهٔ ۳۶۴۰۱۰۷ تماس بگیرد.**

I'm sorry. Her line is busy right now.

متاسفم. خطشان الآن اشغال است.

Voice: You have reached the English Language Institute. If you have a Touch-Tone phone, and you want the Admissions Office, press 1 now. For General Information press 2 now. If you know...

پیام: شما با مؤسسه آموزش زبان تماس گرفته‌اید. اگر از (خط) تلفن تُن استفاده می‌کنید برای تماس با دفتر پذیرش دکمهٔ ۱ و برای تماس با دفتر اطلاعات عمومی دکمهٔ شمارهٔ ۲ را فشار دهید. اگرمی‌دانید...

وُیس: یُو . هَو . ریچد . دِ . اینگلیش . لنگُوویج . اینستی‌تیوت .. ایف . یُو . هَو . اِ . تاچ - تُن . فُن . اَند . یُو . وانت . دِ . اَدمیشِن . آفیس . پرس . وان . ناو . فُر . جِنرال . اینفُرمیشِن . پرس . تُو ناو .. ایف . یُو . نُ ...

Secretary: Good morning. Admissions Office. Can I help you?

منشی: صبح بخیر. دفتر پذیرش. می‌توانم کمکتان کنم؟

سِکرِتری: گُود . مُرنینگ .. اَدمیشِن . آفیس .. کَن . آی . هِلپ . یُو .

Manuel: Yes please. My nephew in Mexico is interested in

taking your course. I'm calling to find out how he can apply.

مانوئل: بلی لطفاً. پسر خواهرم (پسر برادرم) در مکزیک علاقمند است در دوره‌های (زبانِ موسسهٔ) شما شرکت کند. من تماس گرفتم تا بدانم که ایشان چطور می‌توانند، (برای این کار) درخواست کنند.

مانوئل: یِس . پِلیز .. مای . نِفیُو . این . مِکزیک . ایز . اینتِرِستِد . این . تیکینک . یُور . کُرس .. آیم . کالینگ . تو . فایند . آوت . هاو . هی . کَن . آپلای

Secretary: We just need a completed application form and the registration fee.

منشی: ما فقط یک برگ درخواست تکمیل شده و مبلغ ثبت‌نام را از ایشان می‌خواهیم.

سِکرِتری: وی . جاست . نید . اِ . کامپلیتِد . اَپلیکِیشِن . فُرم . اَند . دِ . رِجیستِریشِن . فی

Manuel: Where can I find out about student housing?

مانوئل: کجا می‌توانم اطلاعاتی دربارهٔ اسکان دانشجویان کسب کنم؟

مانوئل: وِر . کَن . آی . فایند . آوت . اِبات . استیودِنت . هاوسینگ

Secretary: From Ms. Sharma in the General Information Office.

منشی: از خانم شارما در دفتر اطلاعات عمومی

سِکرِتری: فِرام . میز . شارما . این . دِ . جِنرال . اینفُرمِیشِن . آفیس

Manuel: Could I speak to Ms. Sharma, please?

مانوئل: ببخشید، می‌توانم با خانم شارما صحبت کنم؟

مانوئل: کُود . آی . اِسپیک . تو . میز . شارما . پِلیز .

Secretary: Of course. Hold the line, please. I'm sorry, her line is busy right now.

منشی: البته، گوشی را داشته باشید. لطفاً. متاسفم. خطشان الان اشغال است.

سِکرِتری: آو . کُرس . هُلد . دِ . لاین . پِلیز . آیم . ساری . هِر . لاین . ایز . بیزی . رایت . ناو

Manuel: Could I leave a message for her?

مانوئل: می‌توانم پیامی برای ایشان بگذارم.

مانوئل: کُود . آی . لیو . اِ . مِسیج . فُر . هِر

Secretary: Certainly.

منشی: حتماً. *سِکرِتری: سِرتِینلی*

Manuel: My name is Manuel Varga, V-A-R-G-A. My number is 493-2542. I want to find out about residence fees. Can she call me back?

مانوئل: اسم من مانوئل وارگا است. وی. اِی. آر. جی. اِی. شماره تلفنم ۴۹۳۲۵۴۲ است. می‌خواهم اطلاعاتی دربارهٔ هزینهٔ اسکان کسب کُنم. می‌توانند با من تماس بگیرند؟ (لطفاً با من تماس بگیرند)

مانوئل: مای . نِیم . ایز . مانوئل . وارگا . وی . اِی . آر . جی . اِی .. مای . نامبِر . ایز . فُر . ناین . تری . تُو . فایو . فُر . تُو . آی . وانت . تو . فایند . آوت . اِبات . رِزیدِنس . فییز .. کَن . شی . کال . می . بَک

Secretary: Yes, I'll give her the message.

منشی: بلی. پیام را به ایشان خواهم داد. *سِکرِتری: یِس . آی‌ل . گیو . هِر . دِ . مِسِیج*

Manuel: Thank you

مانوئل: متشکرم *مانوئل: تنک یُو .*

۰۸۸۱۷۵۸

انگلیسی در سفر (کتاب دوم)

در مکالمات تلفنی برای صحبت کردن با شخص موردنظر خود می‌توانید از عبارات زیر استفاده کنید.

♦ Could I | speak to Ms. Sharma, please?
have the General Information Office?

♦ *کُود . آی | اِسپیک . تو . میز . شارما . پِلیز*
هَو . دِ . جِنرال . اینفُرمِیشِن . آفیس

♦ **ببخشید | می‌توانم | با خانم شارما صحبت کنم؟**
با دفتر اطلاعات عمومی ارتباط داشته باشم (صحبت کنم)؟

♦ Is Ms. Sharma available, please?

♦ **ببخشید، خانم شارما (در دسترس) هستند؟** ♦ *ایز . میز . شارما . اَوِیلِبِل .*

◊ Hold the line please. ◊ **گوشی را لطفاً نگه دارید.** ◊ *هُلد . دِ . لاین . پِلیز*

One moment, please.

◊ **گوشی، لطفاً (یک لحظه گوشی، لطفاً)** ◊ *وان . مُمِنت . پِلیز*

I'll see if she's available.

◊ **ببینم هستند (تشریف دارند)؟** ◊ *آی‌ل . سی . ایف . شیئز . اَوِیلِبِل .*

I'm sorry. | Her line is busy right now.
She's | on another line now
not in the office today.

◊ **متاسفم | خطشان الان مشغول است.**
با خط دیگر صحبت می‌کنند.
امروز در اداره نیستند.

◊ *آیم ساری | هِر . لاین . ایز . بیزی . رایت . ناو*
شیئز | آن . آنادِر . لاین . ناو
نات . این . دِ . آفیس . تُودِی

برای گذاشتن پیام تلفنی می‌توانید از عبارات زیر استفاده کنید.

◆ Could I leave a message for | her? / him?

◆**می‌توانم (می‌شود) برای او پیغام بگذارم؟** ◆ *کود . آی . لیو . اِ . مِسیج . فُر .* | *هِر / هیم*

◇ Certainly ◇*سِرتِنلی* ◇**حتماً**

◆ My name is Manuel Varga. V-A-R-G-A. My number is 493-2542. I want to find out about residence fees. Can she please call me back?

◆*مای . نِیم . ایز . مانوئل . وارگا . وی ـ اِی ـ آر ـ جی . اِی .. مای . نامبِر . ایز . فُر . ناین . تِری . تُو . فایو . فُر . تُو . آی . وانت . تُو . فایند . آوت . اِبات . رِزیدِنس . فییز . کَن . شی . پِلیز . کال . می . بَک*

◆**اسم من مانوئل وارگا است. وی. اِی. آر. جی. اِی. شمارهٔ تلفنم ۲۹۳۲۵۴۲ است. می‌خواهم دربارهٔ هزینه‌های اسکان بدانم. لطفاً با من تماس بگیرند.**

What can we do?

چه کار می‌توانیم بکنیم؟

Glen: That was my mother on the phone. She and my father will be here Friday.

گلن: مادرم پشت تلفن بود. (مادرم زنگ زده بود). جمعه پدرم و مادرم اینجا هستند.

گلِن: دَت . واز . مای . مادِر . آن . دِ . فُن .. شی . آند . مای . فادِر . ویل . بی . هی‌یِر . فِرای‌دِی .

Gail: Yeah...

گیل: آره

گِیل: یِ

Glen: What's the matter? Don't you like them?

گلن: موضوع چیه؟ آنها را دوست نداری؟

گلِن: واتس . دِ . مَتِر .. دُنت . یُو . لایک . دِم

Gail: Sure I do! It's their smoking I don't like. I really don't want them to smoke in the house.

گیل: البته که دوستشان دارم! ولی سیگارکشیدنشان را دوست ندارم. واقعاً نمی‌خواهم که در خانه سیگار بکشند.

گِیل: شُور . آی . دُو .. ایتس . دِیر . اِسمُکینگ . آی . دُنت . لایک .. آی . ری‌یِلی . دُنت . وانت دِم . تو . اِسمُک . این . دِ . هاوس

Glen: They're just here for the weekend. It's not a big problem, is it?

گلِن: آنها فقط آخر هفته را اینجا هستند. این که مشکل بزرگی نیست، درسته؟

گلِن: دِیر . جاست . هی‌یِر . فُر . دِ . ویک‌اِند .. ایتس . نات . اِ . بیگ . پرابلِم . ایز . ایت .

Gail: Second-hand smoke is a big problem around here. It's dangerous especially for the baby. Besides, everything stinks for a week!

گیل: دود غیرمستقیم سیگار در این جا مسئلهٔ مهمی است. به خصوص برای بچه خطرناک است. بعلاوه، همه چی تا یک هفته بوی گند می‌دهد!

گیل: سِکِند . هَند . اِسمُک . ایز . اِ . بیگ . پرابلِم . آراند . هی‌یِر .. ایتس . دِینجرُس . اسپِشالی فُر . دِ . بیبی .. بی‌سایدز . اِوری‌تینگ . اِستینکس . فُر . اِ . ویک

Glen: I know what you mean. But what can we do?

گلِن: منظورت را درک می‌کنم. اما چکار می‌توانیم بکنیم؟

گلِن: آی . نُ . وات . یُو . مین . بات . وات . کن . وی . دُو .

Gail: We can ask them to smoke outside.

گیل: می‌توانیم از آنها بخواهیم که بیرون سیگار بکشند.

گیل: وی . کَن . آسک . دِم . تو . اِسمُک . آوت‌ساید .

Glen: I guess you're right. OK, you can tell them when they get here.

گلِن: فکر می‌کنم حق با شماست. بسیار خوب، وقتی رسیدند می‌توانی با آنها صحبت کنی.

گلِن: آی . گِس . یُوور . رایت .. اُکِی . یُو . کَن . تِل . دِم . وِن . دِی . گِت . هی‌یِر .

Gail: Me? Are you kidding? They're your parents! You tell them!

گیل: من؟ شوخی می‌کنی؟ آنها پدر و مادر تواند! تو با آنها صحبت کن!

گیل: می .. آر . یُو . کیدینگ .. دِیْر . یُور . پَرِنتس . یُو . تِل . دِم

A: I think there are too many cars in this city?

الف) تصور می‌کنم اتومبیل‌های بسیار زیادی در این شهر است.

اِی: آی . تینک . دِیر . آر . تُو . مِنی . کارز . این . دیس . سیتی

B: You're absolutly right. It's hard to breathe downtown.

ب) کاملاً حق با شماست. نفس کشیدن در مرکز شهر مشکل است.

بی: یُوور . اَبسُلُوتلی . رایت .. ایتس . هارد . تو . بریت . داوْن‌تاوْن .

A: But what can we do?

الف) اما ما چکار می‌توانیم بکنیم؟ (چه کاری از دست ما برمی‌آید؟)

اِی: بات . وات . کَن . وی . دُو

B: Your suggestion

ب) پیشنهاد (نظر) شما (چیست؟) *بی: یُور . ساجِستِشِن*

A: Or, ... your suggestion

الف) یا، ... پیشنهاد (نظر) شما (چیست؟) *اِی: اُر، ... یُور . ساجِستِشِن*

Suggestions

پیشنهادات *ساجستشنز*

• provide more efficient public transportation.

• ایجاد حمل و نقل عمومی کارآمدتر *• پِرُوْاید . مُر . اِفیشِنت . پابلیک . تِرَنسپُرتیشِن*

• encourage people to ride bicycles.

• تشویق مردم برای دوچرخه‌سواری *• اِینکارِیج . پیپِل . تو . راید . بای‌سیکِلز .*

• arrange car pools.

• تدارک اتومبیلهای شخصی مسافرکش *• اَرِینج . کار . پُولز*

• Make gasoline more expensive

• گرانتر کردن بنزین *• مِیک . گَسُلین . مُر . اِکسپِنسیو .*

What would you do?

چه کار (می‌خواهی / باید) بکنی؟

Beth: OK, John what's the problem? Do you want to talk about it?

بِت: بسیار خوب، جان، مشکل چیه؟ می‌خواهی درباره‌اش صحبت کنی؟

بِت: اُکِی . جان . واتس . دِ . پِرابلِم .. دُو . یُو . وانت . تو . تاک . اِبات . ایت .

John: No ... Yes ... I don't know.

جان: نه... آره... نمی‌دانم. *جان: نُ ... یِس ... آی . دُنت . نُ*

Beth: Come on John, I'm your sister - what's the matter?

بِت: یالا جان، من خواهرتم ـ موضوع چیه؟

بِت: کام . آن . جان . آیم . یُور . سیستِر .. واتس . دِ . مَتِر

John: It's Ken. He's really fun to be with, but he's the cheapest friend I've ever had.

جان: موضوع کِن است. بودنِ با او واقعاً مایهٔ خوشی است اما او کِنِس‌ترین دوستی است که تا به حال داشته‌ام.

جان: ایتس . کِن . هییز . ری‌یِلی . فان . تو . بی . ویِد . بات . هییز . دِ . چیپِست . فِرِند . آیو . اِوِر . هَد .

Beth: Why? What did he do?

بِت: چرا؟ (مگر) چکار کرده است؟ بِت: وای .. وات . دید . هی . دُو

John: Last night we went to a movie. I bought the tickets while he parked the car.

جان: دیشب به (دیدن) یک فیلم رفتیم. وقتی او ماشین را پارک می‌کرد، من بلیط خریدم.

جان: لَست . نایت . وی . وِنت . تو . اِ . مُوْوی .. آی . بائوت . دِ . تیکِتس . وایل . هی . پارکْد . دِ . کار

Beth: So?

بِت: درنتیجه؟ (بعد؟) بِت: سُ

John: Well, he never gave me any money for his ticket. And you won't believe what happened next!

جان: خوب، هرگز پول بلیطش را به من نداد. و باور نمی‌کنی بعد چه اتفاقی افتاد!

جان: وِل . هی . نِوِر . گِیو . می . اِنی . مانی . فُر . هیز . تیکِت .. اَند . یُو . وُنت . بیلیو . وات . هَپِند . نِکْسْت

Beth: Yeah?

بِت: آره؟ (راست می‌گویی؟) بِت: یِ .

John: He went to the snack bar and came back with popcorn and a soda... for himself! He never even asked me if I wanted anything!

جان: او به بوفه رفت و با پاپ کورن و نوشابه‌ای که برای خودش گرفته بود برگشت! اصلاً از من نپرسید که من چیزی می‌خواهم یا نه!

جان: هی . وِنت . تو . دِ . اِسنَک . بار . اَند . کِیم . بَک . وید . پاپ‌کُرن . اَند . اِ . سُودا ... فُر . هیم‌سِلْف .. هی . نِوِر . ایوِن . اَسْکْد . می . ایف . آی . وانتِد . اِنی‌تینگ .

Beth: Wow! that sounds pretty bad.

بِت: وای! بسیار زشت به نظر می‌رسد. بِت: وائو .. دَت . ساندز . پِرتی . بَد .

John: I know. I really like him, but he makes me mad, too. What should I do?

جان: می‌دانم. من واقعاً او را دوست دارم. اما او مرا بسیار عصبی می‌کند. چه کار باید بکنم؟

جان: آی . نُ .. آی . ری‌یلی . لایک . هیم . بات . هی . مِیکز . می . مَد . تُو . وات . شُود . آی . دُو

Beth: You should start looking for a new friend.

بِت: شما باید دنبال یک دوست جدید بگردی.

بِت: یُو . شُود . اِستارت . لوکینگ . فُر . اِ . ثیو . فِرِند

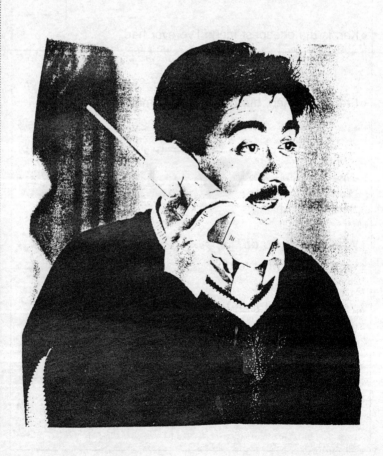

در مشاوره با دیگران می‌توانید عبارات زیر را به کار ببرید.

♦ what's the | problem? | Do you want to talk about it?
        | matter? |

♦واتس . دِ . پرابلِم | دُو . یُو . وانت . تو . تاک . اِبات . ایت
      مَتِر |

♦مشکل | چیست؟ | می‌خواهید دربارهٔ آن صحبت کنید؟
    موضوع |

◇Ken is the cheapest friend I've ever had.

◇کِن . ایز . دِ . چیپِست . فِرِند . آیو . اِوِر . هَد .

◇کِن کِنِس‌ترین دوستی است که تا به حال داشتم.

◇I really like Ken, but he makes me mad

◇آی . ری‌یِلی . لایک . کِن . بات . هی . میکز . می . مَد

◇واقعاً کِن را دوست دارم، اما او مرا عصبی می‌کند.

◇What | should | I do? | ◇وات . شُود | آی . دُو | ◇چکار | باید | بکنم.
       | can | | | کَن | | | می‌توانم

♦What would you do? ♦وات . وود . یُو . دُو ♦چکار می‌خواهی (باید) بکنی؟

◇I don't know what to do. ◇نمی‌دانم چه کنم؟

◇آی . دُنت . نُ . وات . تُو . دُو

♦You should | start looking | for a new friend.
   Why don't you | look |

♦باید | دنبال یک دوست جدید | باشی.
  چرا | | نیستی؟

♦یُو . شُود | اِستارت . لوکینگ | فُر . اِ . نیُو . فِرِند
 وای . دُنت . یُو | لُوک |

Haven't you heard yet?

هنوز خبر نداری؟

Nancy: Have you heard about Dana?

نانسی: از دانا خبر داری؟ (دربارهٔ دانا شنیده‌ای؟)

نانسی: هَو . یُو . هی‌یرد . اِبات . دانا

Scott: No, I haven't talked to her for a couple of months. How are things with her?

اِسکات: نه، چند ماهی است که با او صحبت نکرده‌ام. حالش چطور است؟

اِسکات: نُ . آی . هَوِنت . تاکْد . تو . هِر . فُر . اِ . کاپِل . آو . مانتس .. هاو . آر . تینگز . وید . هِر .

Nancy: Well, she's just so-so right now. She had a little accident last week in her new car.

نانسی: خوب، الان نسبتاً حالش خوب است. هفتهٔ پیش با ماشین جدیدش تصادف کوچکی کرده بود.

نانسی: وِل . شیئز . جاست . سُ ـ سُ . رایت . ناو .. شی . هَد . اِ . لیتِل . اَکسیدِنْت . لَست . ویک . این . هِر . نیوُ . کار

Scott: Oh, you're kidding. Was anybody hurt? Was there much damage?

اِسکات: اُ، شوخی می‌کنی. کسی صدمه دیده بود؟ خسارت زیاد بود؟

اِسکات: اُ . یُور . کیدینگ .. واز . اِنی‌بادی . هرت . واز . دِیر . ماچ . دَمیج .

Nancy: No, It was really a small accident and everybody was fine. It was the other driver's fault.

نانسی: نه، راستش یک تصادف کوچکی بود و همه سالم ماندند. تقصیر رانندهٔ مقابل بود.

نانسی: نُ . ایت . واز . ری‌یِلی . اِ . اِسمُل . اَکسیدِنت . اَند . اِوری‌بادی . واز . فاین .. ایت. واز. دِ . آدِر . دِرایورز . فالت

Scott: Well, that's good. Other than that, how's she doing? Is she still living in the Graham's house?

اِسکات: بسیار خوب، (باز) خوب شد. از اینها گذشته (بگذریم)، چکار می‌کند؟ آیا هنوز هم در منزل گراهام زندگی می‌کند.

اِسکات: وِل . دَتس . گُود .. آدِر . دَن . دَت . هاؤز . شی . دُووییِنگ .. ایز . شی . اِستیل . لیوینگ . این . دِ . گراهامز . هاوس

Nancy: Haven't you heard yet? They are getting married!

نانسی: هنوز خبر نداری؟ در تدارک ازدواج هستند! (می‌خواهند ازدواج کنند!)

نانسی: هَوِنت . یُو . هییِرد . یِت . دِی . آر . گِتینگ . مَرید .

Scott: You're kidding!

اِسکات: شوخی می‌کنی! *اِسکات: یُوور . کیدینگ*

Nancy: She said he gave her a ring on her birthday.

نانسی: گفت که روز تولدش یک انگشتر به او داده است.

نانسی: شی . سِد . هی . گِیو . هِر . اِ . رینگ . آن . هِر . برت‌دِی .

Scott: That's great!

اِسکات: خیلی عالیه! *اِسکات: دَتس . گِریت*

Nancy: Yeah. Everyone's really happy about it. He's a great guy.

نانسی: آره. همه از این بابت واقعاً خوشحالند. پسر خیلی خوبی است.

نانسی: یِ (یا) . اِوری‌وانز . ری‌یِلی . هَپی . اِبات . ایت .. هیئز . اِ . گِریت . گای

Scott: Lucky, too!

اِسکات: خوش‌شانس هم هست! *اِسکات: لاکی . تُو*

با استفاده از عبارات زیر می‌توان دربارهٔ دیگران پرس و جو کرد.

♦How is Dana (doing)? ♦هاو . ایز . دانا . دُوویینگ ♦دانا چطور است؟ (حال دانا چطور است؟)

♦How are things with Dana? ♦هاو . آر . تینگز . وید . دانا ♦دانا چطور است (حالش چطور است)؟

◊She's	great.	◊شیئز گِریت	◊او	سرحال است.
	pretty good.	پرِتی . گُود	حالش	خیلی خوب است.
	so-so.	سُ - سُ		معمولی (نه خوب و نه بد) است.
	not bad.	نات . بَد		بد نیست.
	not too good.	نات . تُو . گُود		خیلی خوب نیست.

♦What's happening with Dana? / her? ◊She and Graham are getting married.

♦واتس . هَپینیگ . وید . دانا / هِر ◊شی . اَند . گِراهام . آر . گِتینگ . مَرید

♦از دانا / او چه خبر؟ (دانا / او چه کار می‌کند؟) ◊او و گراهام می‌خواهند ازدواج بکنند.

♦She had a little accident.

◊شی . هَد . اِ . لیتِل . اَکسیدِنت

◊یک تصادف کوچکی کرده بود.

♦What's she doing these days?

♦واتس . شی . دوویینگ . دیز . دِیز

♦این روزها چه کار می‌کند؟ (اوضاع و احوالش این روزها چطور است؟)

برای خبر دادن دربارهٔ دیگران می‌توانید از عبارات زیر استفاده کنید.

♦Have you heard Did you hear Did I tell you	about Dana?	◇No.	How are things with her? How's she doing these days? What happened?
♦هَو . یُو . هییِرد . دید . یُو . هی‌یِر دید . آی . تِل . یُو	اِبات . دانا .	◇نُ .	هاو . آر . تینگز . ویِد . هِر هاوز . شی . دُووینگ دیز . دِیز وات هَپِند
♦ شنیده‌ای؟ (از دانا خبر داری؟) چیزی شنیدی؟ چیزی به تو گفته‌اند؟	دربارهٔ دانا	◇ نه	اوضاع و احوالش چطور است؟ این روزها کار و زندگی‌اش چطور است؟ چه اتفاقی افتاده است؟ (چی شده؟)

♦She's so-so. She had an accident in her new car.

♦نه خوب است و نه بد. با ماشین جدیدش تصادف کرده است.

شیئز . سُ ـ سُ . شی . هَد . اَن . اَکسیدِنت . این . هِر . نیُو . کار

Subway Stations	
The Strand Theater	Baker
Central Park	Main
Opera House	King
Mercy Hospital	College
Farmers' Market	Market

Bus Routes	
Sports Stadium	#67
Harper's Bay Mall	#52
Lakeshore Zoo	#17
Olde Towne	#14
The Docks	#14

(انگلیسی در سفر (کتاب دوم))

عکس‌العمل خود را در برابر اخبار خوب و بد می‌توانید با عبارات زیر نشان دهید.

♦She had an accident.	♦They're getting married.
♦شی . هَد . اَن . اَکسیدِنت	♦آنها بزودی ازدواج می‌کنند
♦تصادف داشته است.	♦دِیر . گِتینگ . مَرید
◊Oh, no! ◊اُ . نُ ◊اُ. نه	◊Really ◊ری‌یِلی ◊راستی؟
◊You're kidding.	◊You're kidding!
◊یُوور کیدینگ . ◊شوخی می‌کنی.	◊یُوور . کیدینگ ◊شوخی می‌کنی!
◊That's too bad.	◊That's great!
◊دَتس . تُو . بَد ◊خیلی بد است	◊دَتس . گِریت ◊عالیه!
◊I'm sorry to hear that.	◊I'm really happy to hear that.
◊آیم . ساری . تو . هی‌یِر . دَت	◊آیم . ری‌یِلی . هَپی . تو . هی‌یِر . دَت
◊از شنیدن آن متأسفم.	◊از شنیدن آن واقعاً خوشحالم.

Wait a minute. Was she hurt?

یک لحظه صبر کن. مجروح شد؟

Val: Did you hear about The People Next Door?

وال: از 'همسایهٔ بغلی' خبر داری؟ *وال: دید . یُو . هی‌یِر . اِبات . دِ . پیپِل . نِکِست . دُوْر .*

Gary: No. What happened.

گری: نه. چه اتفاقی افتاده (چی شده؟) *گری: نُ . وات . هَپِند .*

Val: Well. let me tell you! Brenda caught Stan-that's her fiancé-speaking with another woman on the phone.

وال: خوب، بگذار به تو بگویم! بِرِندا نامزدش استان را می‌بیند که با یک زن دیگری صحبت می‌کند.

وَل: وِل .. لِت . می . تِل . یُو .. بِرِندا . کائوت . اِستَن . دَتز . هِر . فی‌یانِسی . اِسپیکینگ . وید . آن‌آدِر . وُمَن . آن . دِ . فُن

Gary: That's not something strange. Everybody may do that.

گری: این که چیز عجیبی نیست. هر کسی امکان دارد این کار را بکند.

گری: دتس . نات . سام‌تینگ . اِسترِنج .. اِوری‌بادی . مِی . دُو . دَت

Val: But, she felt a kind of treachery. She ran out, got in the car. and drove away.

وال: اما او احساس نوعی خیانت می‌کند. بعد بیرون می‌دود، سوار ماشینش می‌شود و

(بسرعت) دور می‌شود.

وَل: بات . شی . فِلت . اِ . کایند . آو . تِریچِری .. شی . رَن . آوْت . گات . این . دِ . کار . آند . درائو . اِوِی .

Gary: The poor woman! So where did she go?

گری: بیچاره! خوب، کجا می‌رود (رفت)؟ گَری: دِ . پُور . وُمَن .. سُ . وِر . دید . شی . گُ

Val: She ended up at the hospital. She was ...

وَل: کارش به بیمارستان می‌کشد (کشید)؟

وَل: شی . اِندِد . آپ . اَت . دِ . هاسپیتال .. شی . واز ...

Gary: Why did she go to the hospital?

گِری: چرا به بیمارستان (می‌رود)؟ گَری: وای . دید . شی . گُ . تو . دِ . هاسپیتال .

Val: She was driving too fast and had an accident. Anyway ...

وَل: این‌قدر تند می‌رانده که تصادف می‌کند. بگذریم ...

وَل: شی . واز . درایوینگ . تُو . فَست . آند . هَد . آن . آکسیدِنت .. اِنی‌وِی ...

Gary: Wait a minute. Was she hurt?

گری: یک لحظه صبر کن. زخمی شد؟ گَری: وِیت . اِ . مینِت .. واز . شی . هِرت

Val: She broke her arm. But guess who fixed her arm.

وَل: بازویش شکست. اما حدس بزن کی بازیش را جا انداخت.

وَل: شی . بِرُک . هِر . آرم .. بات . گِس . هُو . فیکست . هِر . آرم

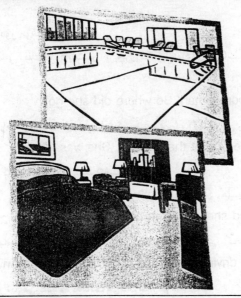

براى سؤال كردن دربارهٔ جزئيات چيزى مى‌توانيد الگوى زير را به كار ببريد.

◆What did she do? ♦وات . دید . شی . دُو ◆چه کار کرد؟

◇She ran out, got in the car, and drove away.

◊او بیرون دوید، سوار ماشین شد و دور شد.

◊شی . رَن . آوت . گات . این . دِ . کار . آند . درُّو . اِوی

◆Where did she go? ♦وِر . دید . شی . گُ ◆کجا رفت؟

◇She ended up in the hospital.

◊شی . اِنِدد . آپ . این . دِ . هاسپیتال ◊کارش به بیمارستان کشید.

◆When are they going to be married?

♦وِن . آر . دِی . گُیینگ . تو . بی . مَرید ◆کی به عقد هم درمی‌آیند.

◇As soon as she feels a little better.

◊به محض اینکه کمی احساس بهبودی بکند. ◊اَز . سُون . اَز . شی . فیلز . اِ . لیتل . بِتِر

با استفاده از عبارات زیر می‌توانید در میان صحبت دیگران خواستار بیان جزئیات بیشتر شوید.

◆Wait	a minute.	♦وِیت . اِ . مینِت	◆یک دقیقه (لحظه) صبر کن.
Just	a second.	♦جاست . اِ . سِکِند	◆یک لحظه اجازه بده.
Hold on	(a minute)		
	(a second)		

هُلد . آن . اِ . مینِت	◆هُلد . آن .	◆یک دقیقه صبر کن (دست نگهدار).
اِ . سِکِند		یک ثانیه

◆Why did she go to the hospital?

♦وای . دید . شی . گُ . تُو . دِ . هاسپیتال ◆چرا به بیمارستان رفت؟

◇She had a car accident

◇یک تصادف با ماشین داشت (با ماشینش تصادف کرد.)

◇شی . هَد . اِ . کار . اَکسیدِنت

◆Was she hurt? ◆واز . شی . هرت ◆آیا صدمه دید؟

◇She broke her arm. ◇شی . بُرُک . هِر . آرم ◇بازویش شکست.

◆When did this happen?

◆وِن . دید . دیس . هَپِن ◆کی این اتفاق افتاد؟

◇About three weeks ago.

◇اِبات . تِری . ویکس . اِگُ ◇حدود سه هفته قبل.

I feel terrible.

حالم خیلی بد است.

Beth: You look a little pale. Are you OK?

بت: به نظر می‌رسد رنگت پریده است. حالت خوب است؟

بِت: یُو . لُوک . اِ . لیتِل . پیل .. آر . یُو . اُکِی .

Jerry: To tell you the truth, I feel terrible.

جری: راستش را به تو بگویم، حالم خیلی بد است.

جِری: تو . تِل . یُو . دِ . تروت . آی . فیل . تِریبِل

Beth: Why? What's the matter?

بِت: چرا؟ چی شده؟ (موضوع چیه؟) *بِت: وای .. واتس . دِ . مَتِر .*

Jerry: I have a horrible headache and sore throat.

جری: سردرد شدید و گلودرد دارم.

جِری: آی . هَو . اِ . هُریبِل . هِداِک . اَند . سُر . ترُوئت

Beth: Why didn't you tell me?

بِت: چرا به من نگفتی؟ *بِت: وای . دیدِنت . یُو . تِل . می*

Jerry: I thought they might go away after a good nigth's sleep, but I feel worse this morning.

جری: فکر می‌کردم که پس از یک شب خوابِ راحت همه دردهایم برطرف می‌شوند. اما

صبح دیدم حالم بدتر است.

جری: آی . تائوت . دِی . مایت . گُ . اِوِی . آفتِر . اِ . گُود . نایتس . اِسلیپ . بات . آی . فیل . وُرس . دیس . مُرنینگ .

Beth: Hmm. You feel warm, too. Did you take anything for it?

بِت: همم. گرم هم که هستی. چیزی برای پایین آوردن تبت خوردی؟

بِت: همم .. یُو . فیل . وُرم . تو .. دید . یُو . تِیک . اِنی‌تینگ . فُر . ایت

Jerry: Yeah. But it didn't do any good. I feel awful. My whole body aches.

جری: آره. اما هیچ خوبم نکرد. حالم خیلی بد است. همه جای بدنم درد می‌کند.

جری: یِ . بات . ایت . دیدِنت . دُو . اِنی . گُود .. آی . فیل . اُوْفُول .. مای . هُول . بادی . اِیکِئز

Beth: There's a pretty bad flu going around.

بِت: یک (نوع) آنفلونزای بسیار بدی شایع شده است.

بِت: دِیرئز . اِ . پِرتی . بَد . فلُو . گُیینگ . اَراند .

Jerry: That's all I need!

جری: فقط این را کم داشتم! *جِری: دَتس . اُل . آی . نید*

Beth: You'd better go and lie down. I'll call the doctor and see what she says. Let me just take your temperature first.

بِت: بهتر است تو بروی و دراز بکشی. من دکتر را خبر می‌کنم تا ببینم او چه می‌گوید. بگذار فقط تبت را بگیرم.

بت: یُوود . بِتِر . گُ . اند .. لای . دائون .. آی‌ل . کال . دِ . داکتِر . اَند . سی . وات . شی . سِیز .. لِت . می . جاست . تِیک . یُور . تِمپرِچر . فِرست

انگلیسی در سفر (کتاب دوم)

از عبارات زیر می‌توان برای بیان نشانه‌های بیماری استفاده کرد.

♦حالت خوب است؟   ♦آر . یُو . اُکِی   ♦Are you OK?

◊To tell you the truth, I feel terrible.

I don't feel very well.

◊راستش را بگویم، | حالم خیلی بد است.

حالم زیاد خوب نیست.

◊تو . تِل . یُو . دِ . تروت | آی . فیل . تِریبِل

آی . دُنت . فیل . وری . وِل

♦ موضوع چیست؟ (چی شده؟)   ♦واتس . دِ . مَتِر؟   ♦What's the matter?

◊I have a headache

a sore throat.

a pain in my back.

◊سردرد   دارم.   ◊آی . هَو . اِ . هِداِک

گلودرد   اِ . سُر . تُروئت

در پشتم درد   اِ . پِین . این . مای . بَک

♦Oh, I'm sorry to hear that.

♦اُ، از شنیدن آن متاسفم.   ♦اُ . آیم . ساری . تو . هی‌یِر . دَت

با استفاده از کلمات زیر می‌توانید نمونه‌های جدیدی از مکالمهٔ قبلی را با دوست خود تمرین کنید.

Student A: I don't feel very well today.

دانشجوی الف: امروز حالم زیاد خوب نیست

اِستیودِنت . اِی .. آی . دُنت . فیل . وِری . وِل . تودِی

Student B: Why? What's the matter?

دانشجوی ب: چرا؟ موضوع چیه؟ (چی شده؟) *اِستیودِنت بی: وای .. واتس . دِ . مَتِر .*

Student A: I have a ...

دانشجوی الف: من ... دارم *اِستویدِنت اِی: آی . هَو . اِ ...*

Cues	*کی‌یُوز*	**واژگانِ راهنما**
1. a fever	*اِ . فی‌وِر*	**تب**
2. a bad cold	*اِ . بَد . کُلد*	**سرماخوردگی‌شدید**
3. a backache	*اِ . بَک‌اِک*	**پشت‌درد**
4. a toothache	*اِ . توت‌اِک*	**دندان درد**
5. an allergy	*اَن . اَلِرجی*	**حساسیت**
6. stiff muscles	*اِستیف . ماسِلز*	**گرفتگی عضلات**
7. a sore throat	*اِ . سُر . تروئت*	**گلودرد**
8. insomnia	*اینسُمنیا*	**بی‌خوابی**

عبارات زیر نمونه‌های متداولی از توصیه‌های پزشکی هستند. دانشجوی ب می‌تواند
مکالمهٔ قبلی را با عبارات ذیل ادامه دهد.

1. try a heating pad.	تِرای . اِ . هیتینگ . پَد	کیسهٔ آب گرم را امتحان کن
2. take allergy pills.	تیک . آلِرجی . پیلز	قرص حساسیت (آلرژی) بخور
3. take aspirin.	تیک . آسپِرین	آسپرین بخور
4. try throat lozenges.		قرص مکیدنی گلو بخور
	تِرای . تِروئت . لُوزِنجِز	
5. try hot milk before bed.		قبل از خواب شیر گرم بخور
	تِرای . هات . میلک . بیفُر . بِد	
6. take cold capsules.	تیک . کُلد . کَپسولز	کپسول سرماخوردگی بخور
7. see a dentist.	سی . اِ . دِنتیست	به دندانپزشک برو
8. put on ointment.	پوت . آن . اُینت مِنت	پماد بمال

Student A: I've already tried it.

اِستیودِنت . اِی .. آیو . اُلرِدی . تِراید . ایت   قبلاً امتحان کرده‌ام.

I'd like to get this prescription filled.

می‌خواهم این نسخه را (برایم) بپیچید

Pharmacist: Can I help you?

داروفروش: می‌توانم کمکتان کنم *فارماسیست: کَن . آی . هِلپ . یُو*

Customer: Yes, please. I'd like to get this prescription filled.

مشتری: بله، لطفاً. می‌خواهم این نسخه را برایم بپیچید

کاستومِر: یَس . پلیز .. آیْد . لایک . تو . گِت . دیس . پِرِسکِرِپشن . فیلد

Pharmacist: Ok. It'll be a few minutes.

داروفروش: بسیار خوب. چند دقیقه‌ای طول می‌کشد.

فارماسیست: اُکِی . ایتل . بی . اِ . فیُو . مینِتس

Customer: Oh, while I'm here ..., my daughter was coughing quite a bit last night. Can you suggest anything?

مشتری: اُ، تا اینجا هستم ...، دخترم دیشب زیاد سرفه می‌کرد. می‌توانید چیزی برایش تجویز کنید؟

کاستومِر: اُ، وایل . آی‌م . هی‌یِر ... مای . دائوتر . واز . کافینگ . کُوُایت . اِ . بیت . لَست . نایت . کَن . یُو . ساجِست . اِنی‌تینگ.

Pharmacist: How old is your daughter?

داروفروش: دخترتان چند سالش است؟ *فارماسیست: هاو . اُلد . ایز . یُور . دائوتِر*

Customer: She's four.

مشتری: چهارسالش است *کاستومر: شیز . فُر*

Pharmacist: This is a good children's cough syrup. Give her two teaspoons before she goes to bed. If her cough doesn't clear up in a day or two, you should take her to the doctor.

داروفروش: این شربت خوبی برای سرفهٔ کودکان است. قبل از اینکه بخوابد دو قاشق از این به او بدهید. اگر سرفه‌اش در یکی دو روز برطرف نشد باید به دکتر ببرید.

فارماسیست: دیس . ایز . اِ . گُود . چیلدِرنز . کاف . سیروپ .. گیو . هِر . تُو . تی‌اسپونز . بی‌فُر . شی . گُز . تو . بِد .. ایف . هِر . کاف . دازِنت . کلییر . آپ . این . اِ . دِی . اُر . تِؤ . یُو . شُود . تِیک . هِر . تو . دِ . داکتِر

Customer: I will, Thanks.

مشتری: می‌برم. متشکرم *کاستومر: آی . ویل .. تَنکس*

pharmacist: And here's your prescription

داروفروش: بفرمایید، این هم نسخهٔ شما

فارماسیست: اَند . هی‌یئرز .. یُور . پِرِسکریپشِن

Customer: Are there any special instructions?

مشتری: دستور مصرف خاصی (هم) هست؟

کاستومِر: آر . دِیر . اِنی . اِسپِشال . اینستِراکشِنز

Pharmacist: They're on the bottle. You have to take it on an empty stomach. That means at least one hour before meals or two hours after.

داروفروش: (دستور مصرف) روی بطری است. شما باید آن را با شکم خالی مصرف کنید. یعنی حداقل یک ساعت قبل از غذا یا دو ساعت بعد از آن.

فارماسیست: دِیر . آن . دِ . باتل .. یُو . هَو . تو . تِیک . ایت . آن . اَن . اِمپتی . اِستامِک .. دَت .

مینز . اَت . لیست . وان . آوِر . بیفُر . میلز . اُر . تُو . آوِرز . آفتِر.

Customer: OK, And thanks again.

مشتری: بسیار خوب، باز هم ممنون کاستومِر: اُکِی . اَند . تَنکس . اِگِین

عبارتهای زیر را می‌توانید به هنگام صحبت دربارهٔ نسخه دارو به کار ببرید.

◆Are there any special instructions?

◆آیا دستورالعمل (دستور مصرف) خاصی هست.

◆آر . دِیر . اِنی . اِسپِشال . اینستراکشِن

◆Is there anything special I should do?

◆آیا چیز خاصی هست که من باید بدانم؟

◆ایز . دِیر . اِنی‌تینگ . اِسپشال . آی . شُود . دُو

◇You have to | take it on an empty stomach.
shake it well before you use it.

◇شما باید آن را | با شکم خالی مصرف کنید.
قبل از مصرف خوب تکان دهید.

◇یُو . هَو . تو | تِیک . ایت . آن . اَن . اِمپتی . اِستامِک
شِیک . ایت . وِل . بی‌فُر . یُو . یُوز . ایت

◇You can't take aspirin with this medicine.

◇نمی‌توانید آسپرین را با این دارو مصرف کنید

◇یُو . کانت . تِیک . اَسپیرین . وید . دیس . مِدیسِن

◆I will. ◆آی . ویل **◆باشد مصرف نمی‌کنم**

I won't آی . وُنت

کدام برچسب با کدام مفهوم هم‌معنی است؟

keep Refrigerated	keep out of reach of children	Avoid Prolonged exposure to direct and or artifical sun light while taking this medicine	chew tablets before swallowing
کیپ . رِفْریجِریتِد	کیپ . آوت . آو . ریچ . آو . چیلدرِن	اَوید. پرُلانگد . اِکسپُژِر . تو دیرِکت . اَند . آرتیفیشال . سان . لایت . وایل . تِیکینگ . دیس . مِدیسِن	چُو . تَبلِتز . بی‌فُر . سُوْاُلُوینگ
take with food	For external use only	IMPORTANT finish all this medicine unless otherwise directed by prescription	shake well
تِیک . وید فُود	فُر . اِکسترِنال یُوز . اُنلی	ایمپُرتَنت . فینیش . اُل . دیس . مِدیسِن . آنلِس . آدِروایز دیرِکتِد . بای . پِرسکرِیپشِن	شِیک . وِل

1. take all the medicine — تِیک . اُل . دِ . مِدیسِن .
2. keep it in the refrigerator — کیپ . ایت . این . دِ . رِفریجِریتِر .
3. shake the bottle first — شِیک . دِ . باتِل . فِرست
4. chew this medicine — چُو . دیس . مِدیسِن
5. take this with a meal — تِیک . دیس . وید . اِ . میئل
6. don't eat or drink this — دُنت . ایت . اُر . درینک . دیس
7. keep it away form children — کیپ . ایت . اِوِی . فِرام . چیلدرِن
8. Don't sit out in the sun — دُنت . سیت . آوت . این . دِ . سان

عبارات زیر را می‌توانید هنگام درخواست داروهای بدون نسخه استفاده کنید.

♦My daughter was coughing quite a bit last night.

♦دخترم دیشب زیاد سرفه می‌کرد.

♦مای . دائوتِر . واز . کافینگ . کُوایت . اِ . بیت . لَست . نایت.

♦Can you suggest anything?

♦چیزی می‌توانید تجویز کنید؟

♦کَن . یُو . ساجِست . اِنی . تینگ

♦What do you recommend for | a bad cough?
| that?

♦برای | سرفهٔ شدید | چه چیزی تجویز می‌کنید؟
| آن

♦وات . دُو . یُو . ریکامِند . فُر | اِ . بَد . کاف
| دَت

◇This is a good | children's cough syrup.
Try (giving her) this |

◇این یک شربت خوبی برای سرفهٔ بچه است.
این شربتِ سرفهٔ بچه را به او بدهید.

دیس . ایز . اِ . گُود | چیلدرِنز . کاف . سیروپ.
ترای . گیوینگ . هِر . دیس |

Hey! what's this thing?

هی! این چیه؟

Martin: Thanks for helping me clean out my grandmother's attic.

مارتین: از کمکتان در تمیز کردن اتاق زیر شیروانی مادربزرگم ممنونم.

مارتین: تنکس . فُر . هِلپینگ. می . کلین . آوت . مای . گِرَندمادِرز. اَتیک.

Ken: Glad to do it. It's interesting.

کِن: از این کار خوشم می‌آید. جالب است *کِن: گِلَد . تو . دُو . ایت .. ایتس . اینترِستینگ.*

Martin: Wow! what a collector! she never threw anything out.

مارتین: وای! چه آدم خرت و پرت جمع کنی! او هرگز هیچ چیز را بیرون نمی‌اندازد.

مارتین: وُئوْ! وات . اِ . کُلِکتور .. شی . نِوِر . ثِرُو . اِنی‌تنیگ . آوت

Ken: You're not kidding . Hey, what's this thing?

کِن: واقعاً که بیخود نمی‌گویی. هِی، این چیه؟

کِن: یُور . نات . کیدینگ .. هِی . واتس . دیس . تینگ

Martin: It's a coffee grinder. you use it for grinding beans to make coffee

مارتین: آسیاب قهوه است. این را برای خرد کردن دانه‌های قهوه و تهیه قهوه به کار می‌برند.

مارتین: ایتس . اِ . کافی . گریندِر .. یُو . یُوز . ایت . فُر . گِریندینگ . بینز . تو . مِیک . کافی ی.

Ken: How do you use it?

کِن: چطوری از آن استفاده می‌کنند؟ *کِن: هاو . دُو . یُو . یُوز . ایت*

Martin: Let's see if I can remember ... oh, yeah. First you put the coffee beans in the top. Then you keep turning this handle until the beans are all ground up.

مارتین: اجازه بده ببینم می‌توانم به خاطر بیاورم .. اُه، آره . اول دانه‌های قهوه را از بالا می‌ریزند. بعد این دسته را می‌چرخانند تا همه دانه‌ها آسیاب شوند.

مارتین . لتس . سی . ایف . آی . کَن . ری‌مِمْبِر .. اُ . یِ .. فرست . یُو . پُوت . دِ .. کافی‌ی . بینز . این . دِ . تاپ .. دِن . یُو . کیپ . تِرنینگ . دیس . هَندِل . آنتیل . دِ . بینز . آر . اُل . گرُوند . آپ.

Ken: OK, what next?

کِن: بسیار خوب. بعد چی؟ *کِن: اُکِی . وات . نِکست*

Martin: Next, you open this little drawer at the bottom. All the ground coffee is in there.

مارتین: بعد، این کِشو کوچک را در این زیر باز می‌کنند. همهٔ قهوه‌های آسیاب شده این تو است.

مارتین: نِکست . یُو . اُپِن . دیس . لیتِل . دراوِر . اَت . دِ . باتَم . اُل . دِ . گرُوند . کافی‌ی . ایز . این . دِیر

Ken: Ok. How do you make the coffee?

کِن: خوب. قهوه را چطور درست می‌کنی؟ *کِن: اُکِی . هاو . دُو . یُو . مِیک . دِ . کافی‌ی*

Martin: After that, you fill a coffeepot with cold water and put the coffee in this little basket. Then you put the basket in the pot.Put the pot on the stove and let it boil for a couple of minutes. After it boils, turn the heat down and wait another ten minutes. that's it.

مارتین: پس از آن، قهوه‌جوش را پر از آب می‌کنند و قهوه را در این کیسهٔ کوچک می‌ریزند. بعد کیسه را داخل قهوه‌جوش می‌گذارند. قهوه‌جوش را روی اجاق می‌گذارند تا چند دقیقه بجوشد. وقتی جوشید، شعله را کم می‌کنند و ده دقیقه دیگر صبر می‌کنند. همه‌اش همین.

مارتین: آفتِر: دَت . یُو . فیل . اِ . کافی‌پات . ویِد . کُلد . واتِر . اَند . پوت . دِ . کافی‌ی . این . دیس . لیتِل . بَسکِت .. دِن . یُو . پُوت . دِ . بَسکِت . این . دِ . پات .. پُوت . دِ . پات . آن . دِ .

اِستُو . آند . لِت . ایت . بُیل . فُر . اِ . کاپِل . آو . مینِتز .. آفتر . ایت . بُیلز . تِرن . دِ . هیت . داون . آند . وِیت . اَن‌آدِر . تِن . مینِتز .. دَتس . ایت

Ken: Gee, Martin. That suounds good. I'd love a cup of coffee.

کِن: وای. مارتین. به نظر که خوب است. دوست دارم یک فنجان قهوه بخورم

کِن: جی . مارتین .. دت . ساندز . گُود .. آیْد . لاو . اِ . کاپ . آو . کافی‌ی

Martin: Sure thing. Is instant OK?

مارتین: حتماً. همین الان موافقی درست کنم؟ *مارتین: شُور . تینگ .. ایز . اینستَنْت . اُکِی*

برای درخواست یا ارائه دستورالعمل انجام کاری می‌توانید از عبارات زیر استفاده کنید.

♦How do you use / make it? ♦هاو . دُو . یُو | یوز / مِیک | ایت **♦چطور آن را | به کار می‌بری؟ / درست می‌کنی؟** ♦Show / Tell | me how to | use / make | it. ♦شُوْ / تِل | می . هاو . تو | یُوز / مِیک | ایت **◇به من نشان بده، آن را چطور به کار می‌برند.** **◇به من بگو، آن را چطور می‌سازند** ♦How does it work? **♦آن چگونه کار می‌کند؟** ♦*هاو . داز . ایت . وُرک.*	◇First, you put the coffee beans in the top. Then you keep turning this handle. Next you open this little drawer. After that, you fill a coffeepot with cold water. **◇اول، دانه‌های قهوه را از بالا می‌ریزند سپس این دسته را می‌چرخانند. بعد این کشو کوچک را باز می‌کنند. بعد از آن، قهوه‌جوش را با آب سرد پر می‌کنند.** ◇*فِرست . یُو . پوت . دِ . کافی‌ی . بینز . این دِ . تاپ .. دِن . یُو . کیپ . تِرنینگ . دیس . هندِل .. نِکِست . یُو . اُپِن . دیس . لیتِل . دِراوِر .. آفتِر . دَت . یُو . فیل . کافی‌ی . پات . وید . کُلد . واتِر*

What else will I need?

چه چیز دیگری نیاز خواهم داشت؟

Denise: Hey, terumi, would you like to get away from the city and come to lake Benjamin with me and my family next week?

دینس: هِی، تِرومی، می‌خواهی از شهر بیرون بزنی و هفتهٔ دیگر با من و خانواده‌ام به دریاچهٔ بنجامین بیایی؟

دنی: هِی، تِرومی . وُود . یُو . لایک . تو . گِت . اِوِی . فِرام . دِ . سیتی . اَند . کام . تو . لِیک . بِنجامین . وید . می . اَند . مای . فَمیلی . نِکِست . ویک

Terumi: I'd love to. Do I need anything?

تِرومی: من که خیلی دوست دارم. آیا چیزی لازم دارم؟

تِرومی: آی‌د. لاو . تو .. دُو. آی . نید . اِنی‌تینگ

Denise: Well, the first thing is a sleeping bag.

دنیس: خوب، اولین چیز کیسه خواب است.

دِنیس: وِل . دِ . فِرست . تینگ . ایز . اِ . اِسلیپینگ . بَگ.

Terumi: I don't get it. What do I need a sleeping bag for?

ترومی: آن را ندارم. کیسهٔ خواب را برای چی لازم دارم؟

تِرومی: آی . دُنت . گِت . ایت .. وات . دُو . آی . نید . اِ . اِسلیپینگ . بَگ . فُر.

Denise: Sleeping in, of course. you can share our tent.

دنیس: مسلمه، برای خوابیدن (در تویش). می‌توانی با ما در چادرمان شریک شوی.

دنی. فُر . اِسلیپینگ . این . آو . کُرس .. یُو . کَن . شِیر . آوِر . تِنت

Terumi: Do you mean this ia a camping trip?

ترومی: منظورت این است که یک سفر اردویی می‌رویم.

ترومی: دُو . یُو . مین . دیس . ایز . اِ . کمپینگ . تِریپ

Denise: That's right, so insect repellent is a good idea.

دنیس: درسته، پس (برداشتن) مادهٔ دفع کنندهٔ حشرات هم فِکر خوبی است.

دِنیس: دَتس . رایت . سُ . اینسِکت . ری‌پِلِنت . ایز . اِ . گُود . آی‌دیا.

Terumi: Why do I need that?

ترومی: آن را برای چی می‌خواهم؟ *تِرومی: وای . دُو . آی . نید . دَت.*

Denise: Oh! You should use insect repellent there, or you'll get eaten alive!

دنیس اُ! تو باید آنجا از مادهٔ دفع کنندهٔ حشرات استفاده کنی والا زنده زنده می‌خورنت.

دنیس: اُ . یُو . شُود . یُوز . اینسِکت . ری‌پِلِنت . دیر . اُر . یُوول . گِت . ایتِن . اَلایو.

Terumi: What else will I need?

ترومی: چه چیز دیگری نیاز خواهم داشت؟ *تِرومی: وات . اِلس . ویل . آی . نید*

Denise: You might need an extra set of warm clothes.

دنیس: احتمالاً یک دست لباس گرم اضافی نیز لازم خواهی داشت.

دنیس: یُو . مایت . نید . اَن . اِکسترا . سِت . آو . وارم . کِلُتز.

Terumi: Why do I need those? it's the middle of the summer!

تِرومی: آنها را برای چی می‌خواهم؟ الان وسط تابستان است!

تِرومی: وای دُو . آی . نید . دُز .. ایتس . دِ . میدِل . آو . دِ . سامِر

Denise: Just in case it rains or suddenly turns cold.

دنیس: فقط در صورتی که باران بیاید یا هوا ناگهان سرد شود. (به کارت می‌آید).

دِنیس: جاست . این . کِیس . ایت . رِینز . اُر . سادِنلی . تئرنز . کُلد

Terumi: Good thinking.

تِرومی: فکر خوبی است. *تِرومی: گُود . تینکینگ.*

عبارات زیر می‌توانند در درخواست و ارائه توضیحات بیشتر راهنمای خوبی باشند.

◆I don't get it.	what do I need	a sleeping bag	for?
	◆Why do I need warm clothes?	that	

◆آی . دُنت . گِت . ایت .	وات . دُو . آی . نید	اِ . اِسلیپینگ . بَگ	فُر
	وای . دُو . آی . نید . وارم . کِلُتز	دَت	

◆آن را ندارم.	**کیسهٔ خواب**	**را برای چه لازم دارم؟**
	آن	**چرا (برای چی) به لباس گرم احتیاج دارم؟**

◇(You need	a sleeping bag)	for sleeping in.
	one)	to sleep in.

شما کیسه خواب را (آن را) برای خوابیدن لازم دارید.

(یُو . نید .	اِ . اِسلیپینگ . بَگ)	فر . اِسلیپینگ . این
	وان)	تُو . اِسلیپ . این

◇You (might) need them (just) in case it turns cold.

◇شما آنها را (فقط) در صورتی که هوا سرد شود لازم دارید.

◇یُو . مایت . نید . دِم . جاست . این . کِیس . ایت . تِرنز . کُلد

برای بیان نتایج و پی‌آمدهای انجام دادن یا ندادن کاری می‌توانید از عبارتهای زیر کمک بگیرید.

♦Insect repellent is a good idea.

♦مادهٔ دفع کننده حشرات ایده (پیشنهاد) خوبی است.

اینسِکت . ری‌پِلِنت . ایز . اِ . گوُد . آی‌دیا

You | should / have to | take insect repellent.

♦تو باید مادهٔ دفع کننده حشرات بیاوری (برداری).

یُو . | شُود . / هَو . تو | تِیک . اینسِکت . ریپِلِنت

◊Why do I need that?

◊آن را برای چی لازم دارم؟ *◊وای . دُو . آی . نید . دَت*

♦You | should / have to | use insect repellent, or you'll / Use insect repellent so you don't | get eaten alive!

♦شما باید مادهٔ دفع کنندهٔ حشرات استفاده کنی والا / مادهٔ دفع کنندهٔ حشرات را استفاده کن تا | زنده زنده شما را | می‌خورند. / نخورند.

◊یُو | شُود / هَو . تُو | یُوز . اینسِکت . ریپِلِنت . اُر . یُوول / یوز . اینسِکت . ریپِلِنت . سُ . یُو . دُنت . | گِت . ایتِن . اَلایو.

Waht kind of place is that?

آنجا چطور جایی است؟

to the right (of)

Agent: So, how can I help you?

کارگزار: خوب، چطور می‌توانم کمکتان کنم؟ *اِجنت: سُ . هاو . کَن . آی . هِلپ . یُو*

Mrs, Evams: My husband and I are going to Vancouver next month. We don't usually do this, ... but we'd like to stay in a first class hotel for a change.

خانم ایوانز: من و شوهرم ماه آینده به وَنکُور می‌رویم. ما معمولاً این کار را (مسافرت) نمی‌کنیم. اما (این بار) در عوض می‌خواهیم در یک هتل درجه یک اقامت کنیم.

میسیز ایوانز: مای . هازبَند . اَند . آی . آر . گُیینگ . تو . وَنکُوِر . نِکِست . مانت .. وی . دُنت . یوژولی . دُو . دیس . بات . ویئد . لایک . تو . اِستِی . این . اِ . فِرست . کِلَس . هُتِل . فُر . اِ . چنج.

Agent: Why don't you try the York Hotel?

کارگزار: چرا هتل یورک را امتحان نمی‌کنید؟

اِجنت: وای . دُنت . یُو . ترای . دِ . یُرک . هُتِل.

Mrs. Evans: How much is it?

خانم ایوانز: هزینه‌اش چقدر است؟ *میسیز. ایوانز: هاو . ماچ . ایز . ایت*

Agent: A double room is 200 a night.

کارگزار: یک اتاقِ دو تخته شبی دویست دلار است.

اِجنت: اِ . دابِل . رُوم . ایز . تُو . هاندرِد . دالرز . اِ . نایت

Mrs Evans: Where is it?

خانم ایوانز: کجا هست؟ *میسیز. ایوانز: وِر. ایز. ایت*

Agent: It's near the center of town.

کارگزار: نزدیک مرکز شهر است *اِجنت: ایتز. نی‌یِر. دِ. سِنتِر. آو. تاون*

Mrs Evans: Does it have parking?

خانم ایوانز: آیا پارکینگ دارد *میسیز ایوانز: داز. ایت. هَو. پارکینگ*

Agent: Yes, Here. Take a look at their brochure.

کارگزار: بلی. اینجاست. یک نگاهی به دفترچهٔ راهنمای آن بیندازید.

اِجنت: یِس. هی‌یِر. تِیک. اِ. لُوک. اَت. دِیر. بروشور.

Mrs Evans: This looks perfect. OK, I'd like to reserve a double room from September twenty - third to the thirtieth under the name of Mr. and Mrs. Henry Evans.

خانم ایوانز: ظاهراً که عالیه. بسیار خوب، می‌خواهم یک اتاق دو تخته از بیست و سوم تا سی‌ام سپتامبر به نام خانم و آقای هنری ایوانز رزرو کنم.

میسیز ایوانز: دیس. لوکس. پرفِکت .. اُکِی. آید. لایک. تو. ریزِرو. اِ. دابِل. روم. فِرام. سپتِمبِر. تووِنتی. تِرد. تو. دِ. تِرتیث. آندِر. دِ. نِیم. آو. میستِر. آند. میسیز. هِنری. ایوانز

برای رزرو کردن جا می‌توانید از عبارات زیر بهره گیرید.

♦I'd like to reserve a doubel room.

♦**می‌خواهم یک اتاق دو تخته رزرو کنم.** ♦*آید. لایک. تو. ریزِرو. اِ. دابِل. رُوم*

◊Certainly. For what dates?

◊**حتماً. برای چه تاریخی؟** ◊*سِرتِنلی .. فِر. وات. دِیتس.*

♦From September twenty - third to the thirtieth.

♦**از بیست و سوم تا سی‌ام سپتامبر** ♦*فِرام. سپتِمبِر. تووِنتی. تِرد. تو. دِ. ترتیث*

♦For the night of August twenty - second.

♦**برای شب بیست و دوم آگوست** ♦*فُر. دِ. نایت. آو. آگوست. تووِنتی. سِکِند.*

◊And could I have your name, please?

◊**لطفاً. اسمتان را بفرمایید.** ◊*آند. کُود. آی. هَو. یُور. نِیم. پلیز*

I'd like to check in, please.

ببخشید، می‌خواهم اسمم را ثبت کنم.

next to

Mr Hall: I'd like to check in, please.

آقای هال: ببخشید، می‌خواهم اسمم را ثبت کنم

میستر هال: آید . لایک . تو . چِک . این . پلیز

Clerk: Do you have a reservation?

متصدی: آیا قبلاً جا رزرو کرده‌اید؟ *کِلِرک: دُو . یُو . هَو . اِ . ریزرویِشِن.*

Mr Hall: yes, the name is Hall, John Hall. It's for three nights.

آقای هال: بلی. به اسم هال، جان هال. برای سه شب است.

میستِر هال: یِس . دِ . نِیم . ایز . هال . جان . هال .. ایتز . فُر . تِری . نایتز

Clerk: Here it is. Could you fill out the registeration form for me? and I'll need your credit card.

متصدی، اینجاست. لطفاً برگ ثبت نام را تکمیل کنید؛ کارت اعتباری شما را هم لازم دارم.

کِلِرک: هی‌یِر . ایت . ایز .. کُود . یُو . فیل . آوت . دِ . رِجیستریشِن . فُرم . فُر . می . آند . آی‌ل . نید . یُور . کِردیت . کارد

Mr Hall: Here you are. And, do you have a room overlooking the pool?

آقای هال: بفرمایید؛ آیا اتاقی مشرف بر استخر دارید؟

میستِر هال: هی‌یِر . یُو . آر .. آند . دُو . یُو . هَو . اِ . رُوم . اُوِرلوکینگ . دِ . پُول

Clerk: Yes, certainly. Do you need any help with your bags?

متصدی: بله، حتماً. برای (حمل) ساکهای خود کمک می‌خواهید؟

کِلِرک: یِس . سرتِنلی .. دُو . یُو . نید . اِنی . هِلپ . وید . یُور . بَگز

Mr Hall: No, that's all right. I can manage.

آقای هال: نه، مشکلی نیست. از عهده‌اش برمی‌آیم.

میستِر هال: نُ . دَتس . اُل . رایت .. آی . کَن . مَنِیج

Clerk: Front desk. Can I help you?

متصدی: متصدی پذیرش هستم. می‌توانم کمکی بکنم؟

کِلِرک: فِرانت . دِسک .. کَن . آی . هِلپ . یُو

Mr Hall: Yes, This is John Hall in Room 1436. I forgot to pack my razor. Can I get one?

آقای هال: بلی. جان هال از اتاق ۱۴۳۶ هستم. فراموش کرده‌ام تیغ را در وسایلم بگذرام. می‌توانم یک تیغ (از شما) بگیرم؟

میستِر هال: یِس .. دیس . ایز . جان . هال . این . رُوم . فُرتین . ترتی سیکس .. آی . فُرگات . تو . پَک . مای . ریزُر .. کَن . آی . گِت . وان

Clerk: Just call Courtesy Services at extension 105.

متصدی: کافیه با قسمت خدمات افتخاری (رایگان). داخلی ۱۰۵، تماس بگیرید.

کِلِرک: جاست . کال . کُرتزی . سِرویسِز . اَت . اِکستِنشِن . وان . اُ . فایو

Mr. Hall: Thank you.

آقای هال: متشکرم *میستِر . هال: تَنک . یُو*

عبارات زیر معمولاً به هنگام ثبت اسم در دفترِ پذیرشِ هتل استفاده می‌شود.

♦ I'd like to check in, please.

♦ببخشید، می‌خواهم اسمم را ثبت کنم.

♦آید . لایک . تو . چِک . این . پلیز .

◇ Do you have a reservation?

◇آیا (قبلاً) جا نگه داشته‌اید (رزرو کرده‌اید)؟

◇دُو . یُو . هَو . اِ . ریزرویشِن .

♦ Yes, The name is Hall.
It's for three nights.

♦بلی، به اسم هال است
برای سه شب (رزرو شده) است.

◇یِس . دِ . نیم . ایز . هال
ایتز . فُر . ترِی . نایتز

عبارات زیر نمونه‌ای از تقاضاهایی است که در هتل مطرح می‌شود.

◆Do you have / could I have | a room | overlooking the pool? / far away from the elevators?

◆می‌توانم اتاقی | مشرف بر استخر داشته باشم؟ / دور از آسانبرها داشته باشم؟

◆دُو . یُو . هَو / کُود . آی . هَو | اِ . روم | اُوِرلوکینگ . دِ . پول / فار . اِوِی . فِرام . دِ . اِلِویتُرز .

◇Yes, certainly. you can have room 1109.
I'm sorry. Those rooms are all taken.

◇بلی، حتماً. می‌توانید اتاق ۱۱۰۹ را داشته باشید (بگیرید).
متاسفم. همهٔ آن اتاقها را قبلاً گرفته‌اند.

◇یِس . سِرتِنلی .. یُو . کَن . هَو . رُوم وان . وان . اُ . ناین .
آیم . ساری .. دُز . رومز . آر . اُل . تِیکِن

با استفاده از الگوی قبلی و فهرست زیر می‌توانید تقاضاها و پاسخهای خود را با زبان‌آموز دیگر تمرین کنید.

◆a room far away from the ice machine

◆اِ. رُوم . فار . اِوِی . فِرام . دِ . آیس . مَشین

◆a room with a view of the golf course

◆اِ. رُوم . وید . اِ . ویُو . آو . دِ . گُلف . کُرس

◆a non-smoking room overlooking the pool

◆ اِ . نان . اِسمُکینگ . رؤم . اُوِرلُوکینگ . دِ . پُول .

◆a double room near the ice machine

◆ اِ . دابِل . رُوم . نییر . دِ . آیس . مَشین

◆a single, non smoking room with a park view.

◆اِ . سینگِل . نان . اِسمُکینگ . روم . وید . اِ . پارک . ویُو

در پاسخ به تقاضاها از اطلاعات زیر استفاده کنید.

golf course view	گُلف . کُرس . وی‌یُو	vending machines	وِندینگ مَشینز
Park view	پارک . وی‌یُو	smoking permitted	اِسمُکینگ پِرمیتِد
		single room	سینگِل . رُوم
		double room	دابِل . رُوم
		not available	نات . اَوِیلِبل

اگر از اتاق خود در هتل قصد درخواست خدمات دارید مکالمهٔ تلفنی زیر راهنمای خوبی برای شماست.

Get married
without
permission

◇ Front desk. | Can | I help you?
| | May |

◇ متصدی پذیرش (هستم). | می‌توانم | کمکتان کنم؟
| ممکن است |

◇ فِرانت دِسک | کَن | آی . هِلپ . یُو.
| می |

♦ This is room 1436. | I forgot my razor. Can I get one somewhere?
I'd like to make a dinner reservation.

◇ (مسافر) اتاق ۱۴۳۶ هستم. | تیغم را فراموش کرده‌ام. می‌توانم از جایی تهیه کنم؟
می‌خواهم سفارش کنم برایم شام نگه دارند.

◇ دیس.ایز.رُوم.فُرتین.تِرتی.سیکس | آی. فُرگات. مای. ریژُر .کَن . آی .گِت . وان . سام‌وِر
آی‌د . لایک . تو . میک . اِ . دینِر . ریزِروِیشِن.

◊ Just call	Courtesy Services	at extension	105.
	the hotel dining room		120.

◊فقط (کافی است) با	قسمت خدمات افتخاری،	داخلی	۱۰۵	تماس بگیرید.
	غذاخوری هتل،		۱۲۰	

◊جاست . کال	کُرتزی . سِرویسِز.	اَت . اِکستِنشِن.	وان . اُ . فایو
	دِ . هُتِل . داینینگ . رُوم		وان . تُو . اُ

نمونهٔ دفترچه راهنمای هتل شما را در آشنایی با مطالب این نوع دفترچه‌ها یاری خواهد کرد.

Get a part-time job

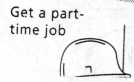

♦ Located in the heart of the shopping and entertainment district

♦ موقعیت (عالی) در منطقهٔ خرید و تفریح

♦ *لُکیتِد . این . دِ . هارت . آو . دِ . شاپینگ . اَند . اینترتِینمِنت . دیستریکت.*

♦ Free transportation to and from airport

♦ ایاب و ذهاب رایگان به فرودگاه

♦ *فری . ترَنسپُرتیشِن . تو . اَند . فِرام . اِیرپُرت .*

♦ Fine casual dining in our coffee shop

♦ ناهار و شام عالی (در محفل) خودمانی در کافهٔ هتل

♦ *فاین . کَژول . داینینگ . این . آوِر . کافی‌ی . شاپ*

♦ Fax and other business services available

♦ دسترسی به نمابر و امکانات دیگرِ مربوط به خدمات بازرگانی

♦ *فَکس . اَند . آدِر . بیزینِس . سِرویسِز . اَوِیلبل .*

♦ Conference and banquet rooms available

♦ دسترسی به سالن کنفرانس و تالار ضیافت

♦ کانفِرنس . آند . بنکُوِات . رومز . آوِیلِبل .

♦Indoor swimming pool.

♦استخر شنای سرپوشیده ♦اینْدُر . سُوویمینگ . پُول

♦Cable television

♦تلویزیون مداربسته (تلویزیون کابلی) ♦کِیبِل . تِلِویژِن

♦Tours arranged

♦برنامه‌ریزی گشت و گذار ♦تُورز . آرِیجند

Rates

هزینه‌ها (مبلغ‌ها) رِیتز

single - $95,00

اتاق یک تخته ـ ۹۵ دلار سینگِل . نایِنتی . فایو . دالِرز

Double - $115,00

اتاق دو تخته ـ ۱۱۵ دلار دابِل . وان‌هاندِرد . فیفتین . دالِرز

Per extra person - $30,00

به ازای هر نفر اضافی ۳۰ دلار پِر . اِکسترا. پِرسِن . تِرتی . دالِرز

The Downtowner Hotel

دِ . داوْن . تاوِنر . هُتِل

هتل داون تاونر (مرکز شهر)

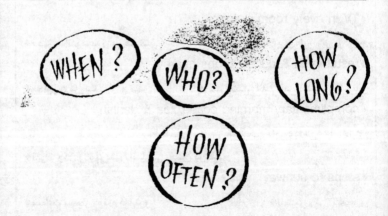

ملاحظهٔ نمونهٔ دیگری از دفترچهٔ راهنمای هتل در آشنایی شما با خدمات و امکانات هتلها مؤثر خواهد بود

Get a
driver's license

◆downtown location

◆داون . تاون . لُکیشِن ◆موقعیت (عالی) در مرکز شهر

◆close to shopping & entertainment

◆کِلُز . تو . شاپینگ . آند . اینتِرتِین مِنت

◆مجاورت با مرکز خرید و تفریح

◆TV in every room

◆تی وی . این . اِوری . رُوم ◆مجهز به تلویزیون در هر اتاق

◆restaurants & coffee shops nearby

◆رِستورَنتس . آند . کافی . شاپس . نییِربای ◆مجاورت با رستوران و کافه

◆complimentary morning coffee, tea & danish

◆کامپلی مِنتاری . مُرنینگ . کافی ی . تی . آند . دَنیش

◆قهوه، چای و شیرینی دانمارکی رایگان در صبح

◆steps to subway

◆اِستِپس . تو . ساب وِی ◆مسافت بسیار کوتاه تا مترو

◆fax services available

◆دسترسی به خدمات نمابر ◆فَکس . سِرویسِز . اَوِیلبل .

◆show your room key for discounts at participating clubs & restaurants

◆شُ . یُور . رُوم . کی . فُر . دیسکائونتس. اَت . پارتی‌سی‌پِیتینگ. کِلابز. اَند. رستورَنتس

◆تخفیف در باشگاهها و رستورانهای طرف قرارداد با ارائهٔ کلید اتاقتان

Rates — ریتس — هزینه‌ها

- single ($55) — سینگِل . فیفتی . فایو . دالِرز — یک نفره (۵۵ دلار)
- double ($65) — دابِل . سیکستی . فایو . دالِرز — دو نفره (۶۵ دلار)
- extra person ($20) — اِکسترا . پِرسن . تُوِنتی . دالِرز — هر نفر اضافی (۲۰ دلار)

Desserts

Pies: apple, cherry, peach, pecan

Cakes: chocolate, carrot, cheesecake

Ice Cream: chocolate, vanilla, rum raisin, coffee

Mousse: double chocolate, strawberry, lemon

If you like shopping...

اگر خرید را دوست داری...

Vote in elections

Peter: Hi, Can you help me? I'm here for a week and I need some ideas for things to do.

پیتر: سلام، ممکن است کمک کنید؟ یک هفته اینجا هستم و دربارهٔ کارهایی که باید بکنم نیاز به راهنمایی دارم.

پیتر: های . کَن . یُو . هِلپ . می . آیم . هی‌یِر . فُر . اِ . ویک . اَند . آی . نید . سام . آی دیاز . فُر . تینگز . تو . دُو

Clerk: I have a few brochures here. What do you want to see here in Los Angeles?

متصدی: اینجا چند تا دفترچهٔ راهنما دارم. اینجا در لوس‌آنجلس از چه چیزهایی می‌خواهی بازدید کنی؟

کِلِرک: آی . هَو . اِ . فی‌یُو . بروشورز . هی‌یِر .. وات . دُو . یُو . وانت . تو . سی . هی‌یِر . این . لُس‌اَنجِلس

Peter: First, I want to see some of the famous places, like Disneyland, Hollywood... that sort of thing.

پیتِر: اول می‌خواهم چند جای معروف مثل، دیسنی‌لند، هالیوود... و جاهایی مثل اینها را ببینم.

پیتِر: فِرست . آی . وانت . تو . سی . سام . آو . دِ . فِیمِس . پِلیِسِز . لایک . دیسنی‌لند .

هالی‌وُود . دَت . سُرت . آو . تینگز

Clerk: of course, and you shouldn't miss Universal studios!

متصدی: حتماً، از دیدن یونیورسال استودیوز (استودیوهای جهانی) هم نباید غافل شوی!

کِلِرک: آو . کُرس . آند . یُو . شودِنت . میس . یونیوِرسال . اِستودیوز .

Peter: That's a good idea. What else is there to do?

پیتر: فکر خوبی است. کار دیگری هم برای انجام دادن هست.

پیتِر: دَتس . اِ . گود . آی‌دیا .. وات . اِلس . ایز . دِیر . تو . دُو

Clerk: Hundreds of things! If you like shopping, you can visit Rodio Drive.

متصدی: صدها کار! اگر به خرید علاقه‌داری می‌توانی از رُدیو درایو دیدن کنی.

کِلِرک: هاندرِدز . آو . تینگز .. ایف . یُو . لایک . شاپینگ . یُو . کَن . ویزیت . رُدیو . دِرایو

Peter: I'm not really interested in that. What's there to do at night?

پیتر: راستش، علاقه‌ای به خرید ندارم. شبها چکار می‌توان کرد؟

پیتِر: آیم . نات . ری‌یِلی . اینترِستِد . این . دَت .. واتس . دِیر . تو . دُو . اَت . نایت

Clerk: There are clubs, concerts, plays..., you name it!

متصدی: (شبها) کلوپ، کنسرت، نمایش و... هرچی که بخواهی هست!

کِلِرک: دِیر . آر . کِلابز . کانسِرتس . پِلِیْز .. یُو . نِیم . ایت

Peter: Do you know a good club? I like rock music.

پیتر: یک باشگاه خوب سراغ داری؟ من موسیقی راک را دوست دارم.

پیتِر: دُو . یُو . نُ . اِ . گود . کِلاب .. آی . لایک . راک . میوزیک .

Clerk: The Hard Rock Cafe is very popular.

متصدی: کافهٔ *هارد راک* خیلی معروف است.

کِلِرک: دِ . هارد . راک . کَفِی . ایز . وِری . پاپیولار

Peter: Oh, yeah! I've heard of that place. Thanks for your help!

پیتِر: آره! اسمش به گوشم خورده است. از کمکتان متشکرم!

پیتِر: اُ . یِ .. آی‌و . هی‌یرد . آو . دَت . پِلیس .. تنکس . فُر . یُور . هِلپ

How do I get there?

چطور می‌توان به آنجا رسید؟

Lin: What's the best way to get to waterfront Park from here? Can I take the subway?

لین: بهترین راه برای رسیدن به پارک *واترفرانت* از اینجا چیست؟ می‌توانم با مترو بروم؟

لین: واتس . دِ . بست . وِی . تو . گِت . تو . واترفِرانت . پارک . فِرام . هی‌یِر . کَن . آی . تِیک . دِ. ساب‌وِی

Clerk: No. You can catch the number 34 bus in front of that hotel. Get off at Harbor street. Actually, it's just a short walk from here.

متصدی: نه. می‌توانید در جلو آن هتل اتوبوس شمارهٔ ۳۴ را سوار شوید و در خیابان *هاربر* پیاده شوید. در واقع از اینجا پیاده مسیر کوتاهی است.

کِلِرک: نُ . یُو . کَن . کَچ . دِ . نامبِر . ترتی . فُر . باس . این‌فِرانت . آو . دَت . هُتِل .. گِت . آف . آت . هاربر . اِستریت .. اَکچُولی . ایتس . جاست . اِ . شُرت . واک . فِرام . هیی‌یِر

Lin: Really? How far is it?

لین: راستی؟ چقدر راه است؟ *لین: ری‌یِلی ... هاو . فار . ایز . ایت*

Clerk: About ten or fifteen minutes. You know, there are guided tours of the city you can take.

متصدی: تقریباً ده تا پانزده دقیقه. می‌دانی، آنجا تورهای راهنمای شهر است که می‌توانی در اختیار بگیری.

کِلِرک: اِبات . تِن . اُر . فیفتین. مینوتز... یُو . نُ . دِر . آر . گایدِد . تورز . آو . دِ . سیتی . یُو . کَن . تِیک

Lin: Oh? What does the city tour include?

لین: اُ؟ تور شهر شامل چه (خدماتی) است؟

لین: اُ . وات . داز . دِ . سیتی . تور . اینکلود

Clerk: They take you by all the major points of interest. You can get a good idea of where everything is.

متصدی: آنها شما را به تمامی جاهای مهم پرجذبه می‌برند. تو می‌توانی کمک فکری مناسبی دربارهٔ محلِ چیزهای موردِ نظر خود کسب کنی.

کِلِرک: دِی . تِیک . یُو . بای . اُل . دِ . مِیجِر . پوینتس . آو . اینتِرِست . یُو . کَن . گِت . اِ . گود . آی‌دیا . آو . وِر . اِوری‌تینگ . ایز.

Lin: Hmm. How much is it?

لین: همم. هزینه‌اش چقدر است؟ *لین: همم . هاو . ماچ . ایز . ایت*

Clerk: It's $10 per person for an hour-long tour. IF your're interested, I can arrange it for you.

متصدی: نفری ده دلار به ازای هر ساعت گشت. اکر علاقمندید می‌توانم ترتیب آن را بدهم.

کِلِرک: ایتس . تِن . دالِرز . پِر . پِرسن . فُر . اَن . آوِر . لانگ . تور... ایف . یُور . اینتِرِستِد . آی . کَن . اَرِینج . ایت . فُر . یُو

Lin: That sounds like a great idea.

لین: فکر بسیار خوبی به نظر می‌رسد. *لین: دَت . ساندز . لایک . اِ . گِریت . آی دیا*

عبارتهای زیر شما را در طرح مکالماتی دربارهٔ حمل و نقل یاری خواهند کرد.

◆ Excuse me,
- what's the best way to get to the Museum of Natural History?
- how do I get to Waterfront Park? Can I take
  - the subway?
  - a bus?

اِکس . کی . یوز . می .
- واتس . دِ . بِست . وِی . تو . گِت . تو . دِ . میُوزی‌یِم . آو . نَچرال . هیستُری
- هاو . دُو . آی . گِت . تو . واتِر . پارک .. کَن . آی . تِیک
  - دِ . ساب‌وِی
  - اِ . باس

◆ ببخشید،
- بهترین راه برای رسیدن به ***موزهٔ تاریخ طبیعی*** کدام است؟
- چطور می‌توانم به پارک ***واترفرانت*** بروم؟ می‌توانم با
  - مترو
  - اتوبوس

  بروم؟

◊ You can	catch	the number 34 bus.
	take	the subway to Museum Station.

◊می‌توانید | اتوبوس شمارهٔ ۳۴ را | سوار شوید.
برای رسیدن به ایستگاه موزه مترو را

◊یو . کَن | کَچ | دِ . نامبِر . ترتی . فُر . باس
تِیک | دِ . ساب‌وِی . تو . میوزی‌یِم . اِستِیشِن

◊ It's	just a short walk from here.
	best to take a taxi from here.

◊از اینجا | پیاده مسیر کوتاهی است.
بهتر است که یک تاکسی بگیرید.

◊ایتس | جاست . اِ . شُرت . واک . فِرام . هی‌یِر
بِست . تو . تِیک . اِ . تَکسی . فِرام . هی‌یِر

انگلیسی در سفر (کتاب دوم)

Do you know who that woman is?

می‌دانی آن خانم کیست؟

Bob. Looks like a good party. I probably know about half the people.

باب: مهمانی خوبی به نظر می‌رسد. احتمالاً نیمی از این افراد را می‌شناسم.

باب: لوکس . لایک . اِ . گُود . پارتی . آی . پِرابِبلی . نُ . اِبات . هاف . دِ . پیپِل

Jane: Who's that guy?

چین: آن پسر کیست؟ *چین: هُووز . دَت . گای*

Bob: Where?

باب: کجاست؟ *باب: وِر*

Jane: The one next to the telephone.

چین: آن یکی نزدیک تلفن *چین . دِ . وان . نِکِست . تو . دِ . تِلِفُن*

Bob: I don't know. Never saw him before in my life. Why?

باب: نمی‌شناسمش. هرگز در زندگی‌ام او را ندیده‌ام. چرا؟

باب: آی . دُنت . نُ . نِوِر . سائو . هیم . بیفُر . این . مای . لایف .. وای .

Jane: I think he's the guy who just moved into my apartment building.

چِین: فکر می‌کنم او همان پسری است که تازه به ساختمان ما اسباب‌کشی کرده است.

چِین: آی . تینک . هی‌ز . دِ . گای . هُو . جاست . مُووْد . این تو . مای . آپارتمِنت . بیلدینگ

Bob: Could be.

باب: شاید. *باب: کُود . بی*

Jane: And do you know who that woman is?

چِین: و می‌دانی آن خانم کیست؟ *چِین: اَند . دُو . یُو . نُ . هُو . دَت . وُمَن . ایز*

Bob: Which one?

باب: کدام یکی؟ *باب: ویچ وان*

Jane: The one in the white sweater. I think I've met her before.

چِین: آن یکی که ژاکت سفید تنش است. فکر می‌کنم قبلاً او را دیده‌ام.

چِین: دِ . وان . این . دِ . وایت . سوویتِر . آی . تینک . آی‌و . مِت . هِر . بیفُر

Bob: That's Linda chang.

باب: او لیندا چینگ است *باب: دَتس . لیندا . چِینگ*

Jane: Is she the one whose brother drives the red sports car?

چِین: آیا او همان کسی است که برادرش ماشین اسپرت قرمز سوار می‌شود؟

چِین: ایز . شی . دِ . وان . هُوز . بِرادِر . دَرایوز . دِ . رِد . اِسپُرتس . کار

Bob: Yeah, that's right.

باب: آره، درست است. *باب: یِ . دَتس . رایت*

Jane: Well, he's the one I want to talk to. He almost ran me down last week!

چِین: او همان کسی است که من می‌خواهم با او صحبت کنم. هفتهٔ پیش کم مانده بود که مرا زیر بگیرد!

چِین: وِل . هی‌ز . دِ . وان . آی . وانت . تو . تاک . تو . هی . اُل‌مُست . رَن . می دائون . لَست . ویک

عبارتهای زیر الگوی مناسبی برای طرح پرسش و پاسخ دربارهٔ افراد ناشناس هستند.

| ◆Do you know who that | woman | is? |
| | guy | |

| ◆می‌دانی آن | خانم | کیست؟ | ◆ دُو . یُو . نُ . هُو . دَت. | وُمَن | ایز |
| | پسر | | | گای | |

| ◇ Which one? | | ◇کدام یکی؟ | ◇ویچ . وان |

◆The one	in the white sweater.
	wearing glasses.
	next to the telephone.

◆ دِ . وان | این . دِ . وایت . سُوویتِر
وی‌یرینگ . گِلَسز
نِکْست . تو . دِ . تِلِفُن

◆آن یکی که	ژاکت سفید تنش است.
	عینک زده است.
	نزدیک تلفن است.

◊I | have no idea
| never saw | her / him | before in my life.

◊آی | هَو . نُ . آی دیا
| نِوِر . سائو . | هِر . / هیم | بیفُر . این . مای . لایف .

◊فکرم به جایی قد نمی‌دهد. (نمی‌شناسمش.)
هرگز در زندگی‌ام او را ندیده‌ام

◊I'm not sure.

◊مطمئن نیستم ◊آیم . نات . شُور

◊That's Linda chang
She's the one who drives the sports car.

◊او لیندا چینگ است

◊دَتس . لیندا . چینگ

همان کسی است که ماشین اسپرت سوار می‌شود

شی‌ز . دِ . وان . هُو . درایوز . دِ . اسپُرتس . کار

◊Isn't that Mr. Omura?

◊او آقای اُمارا نیست؟

◊ایزنت . دَت . میستِر . اُمارا

◊He's the guy that owns the travel agency.

◊او همان پسری است که آژانس مسافرتی دارد.

◊هی‌ز . دِ . گای . دَت . اُونز . دِ . تِرَوِل . اِیجنسی

برای شناسایی افراد می‌توانید الگوهای ساختاری زیر را به کار ببرید.

♦Is	She	the one whose	brother	drives the red sports car?
	Lynn			
Isn't	he		wife	is a doctor?

♦ایز.	شی	دِ . وان . هُوز	بِرادِر	درایوز . دِ . رِد . اسپُرتس . کار
	لین			
ایزِنت	هی		وایف	ایز . اِ . داکتِر

♦آیا	آن خانم	همان کسی	است	که	برادرش	ماشین اسپرت قرمز سوار می‌شود؟
	لین					
	آن آقا		نیست		خانمش	دکتر است؟

◊Yeah, that's right. ◊یِ . دَتس . رایت بلی، همانطور است

No.	Her brother drives a red Ford.
	His wife is a dentist.

◊نه. | برادر او (ماشین) فورد قرمز سوار می‌شود.
خانمش دندانپزشک است.

◊نُ. | هِر . برادِر . دِرایوُز . اِ . رِد . فُرْد
هیز . وایف . ایز . اِ . دِنتیست

◊مطمئن نیستم. | آیم . نات . شور | ◊I'm not sure.

(اینطور) فکر نمی‌کنم. | آی . دُنت . تینک . سُ | I don't think so.

What's she like?

او چطوری است؟

Edie: Hi, Roza. What are you doing?

اِدی: سلام، رُزا، چکار می‌کنی؟

اِدی:های . رُزا .. وات . آر . یُو . دُویینگ

Rosa: I'm trying to pick an English literature course for this term.

رُزا: سعی می‌کنم در این نیمسال تحصیلی درس ادبیات انگلیسی بردارم (انتخاب کنم).

رُزا: آیم . تِرایینگ . تو . پیک . اَن . اینگلیش . لیتِریچِر . کُرس . فُر . دیس . تِرم

Edie: Take Professor Holt's class. I had her last year.

اِدی: کلاس پروفسور (هُلت) را بردار. من پارسال با او (کلاس) داشتم.

اِدی: تِیک . پرافسِر . هُلتش . کِلَس . آی . هَد . هِر . لَست . یِئر.

Rosa: Really? What's she like?

رُز: راستی؟ چطوری است؟

رُز: ری‌یِلی . واتس . شی . لایک

Edie: Fantastic! I think she's a really good teacher.

اِدی: بسیار عالی است! فکر می‌کنم او استاد بسیار خوبی است.

اِدی: فَنتَستیک . آی . تینک . شی‌ز . اِ . ری‌یِلی . گُود . تی‌چِر.

Rosa: Why? What makes her so good?

رُزا: چرا؟ چه چیزی او را این قدر خوب کرده است؟

رُزا: وای . وات . مِیکس . هِر . سُ . گُود

Edie: For one thing, she's really funny.

اِدی: (فقط) یک چیز، واقعاً شوخ طبع است. *اِدی: فُر . وان . تینگ . شیز . ری‌یِلی . فانی*

Rosa: Yeah, but I want to learn something.

رُزا: آره، ولی من می‌خواهم چیزی (مطلب) یاد بگیرم.

رُزا: یِ . بات . آی . وانت . تو . لِئرن . سام‌تینگ

Edie: Don't get me wrong. She's funny, and if someone's funny, you pay more attension. She's also really smart, so you learn a lot.

اِدی: مغلطه نکن. او شوخ‌طبع است و اگر کسی شوخ طبع باشد، توجه بیشتری به او می‌کنی. واقعاً آدم زرنگ و خبره‌ای هم هست، در نتیجه بیشتر یاد می‌گیری.

اِدی: دُنت . گِت . می رانگ . شیز . فانی . اَند . ایف . سام‌وانز . فانی . یُو . پِی . مُر . اَتِنشِن . شیز . اُلس . ری‌یِلی . اِسمارت . سُ . یُو . لِئرن . اِ . لات.

Rosa: What do you think of professor Vance?

رُزا: نظرت دربارهٔ پروفسور وَنس چیست؟ *رُزا: وات . دُو . یُو . تینک . آو . پرافِسر . وَنس*

Edie: He's boring. Every one falls asleep in his class. And he's hard to talk to.

اِدی: آدم خسته‌کننده‌ای است. همه در کلاسش می‌خوابند و حرف زدن با او هم خیلی سخت است.

اِدی: هی‌ز . بُئرینگ .. اِوری وان . فالز . اَسلیپ . این . هیز . کِلَس . اَند . هی‌ز . هارد . تو . تاک . تو

Rosa: OK. I'll try to get into Professor Holt's class.

رُزا: بسیار خوب. سعی می‌کنم به کلاس پروفسور هُلت بروم

رُزا: اُکِی... آی‌ل . تِرای . تو . گِت . این تو . پرافِسر . هُلتس . کِلَس

Edie: You won't be sorry.

اِدی: پشیمان نمی‌شوی! *اِدی: یُو . وُنت . بی . ساری*

برای پرسش و پاسخ
دربارهٔ ظاهر و خلق و خوی افراد
می‌توان از ساختارهای زیر استفاده کرد.

♦What's she/he like?

♦چطوری است. ♦*واتس . شی /هی . لایک*

♦What do you think of professor Vance?

♦نظرت دربارهٔ پروفسور وَنس چیست؟ ♦*وات . دو . یُو . تینک . آو . پرافسِر . وَنس*

◊ She's	(really)	funny.
	(a little)	boring.
He's	(Pretty)	hard to talk to.

◊او	واقعاً	شوخ طبع است.
	کمی	خسته‌کننده است.
حرف زدن با او	خیلی	سخت است.

◊*شی‌ز*	*ری‌یلی*	*فانی*
هی‌ز	*اِلیتِل*	*بُئرینگ*
	پِرتی	*هارد . تو . تاک . تو*

Have you ever tried parachuting?

آیا تا به حال چتربازی کرده‌ای / با چتر پریده‌ای؟

Max: Look at this equipment! I think there is something for every sport here.

ماکس: به این وسیله نگاه کن! فکر می‌کنم اینجا برای هر ورزشی یک چیزی (وسیله‌ای) هست.

مَکس: لوک . اَت . دیس . اِکوئیپمنت . آی . تینک . دِر . ایز . سام‌تینگ . فُر . اِوْری . اِسپُرت . هی‌یِر.

Shigeo: I'll say! Wait, there are no parachutes! Have you ever tried parachuting?

شی‌جیو: (الان) می‌گویم! وایستا، اینجا چتر نیست! (اصلاً) تا به حال چتربازی کرده‌ای؟

شی‌جیو: آی‌ل . سِی .. وِیت . دِر . آر . نُ . پَرَشوتس .. هَو . یُو . اِیوِر . تِراید . پَرَشُوتینگ.

Max: Parachuting? No, I've never done that. Have you?

ماکس: چتربازی؟ هیچ‌وقت این کار را نکرده‌ام. تو کرده‌ای؟

مَکس: پَرَشُوتینگ . نُ . آی‌و . نِوِر . دان . دَت . هَو . یُو

Shigeo: I've done it three times.

شی‌جیو: سه‌بار (چتربازی) کرده‌ام. *شی‌جیو: آی‌و . دان . ایت . ثِری . تایمز*

Max: You're kidding. when?

ماکس: شوخی می‌کنی. کِی؟ *مَکس: یُورر . کیدینگ .. وِن*

Shigeo: The summer after high school.

شی‌جیو: اولین تابستانِ بعد از پایانِ دبیرستان (بود.)

شی‌جیو: دِ . سامِر . آفتِر . های . اِسکُول

Max: What was it like? Were you scared?

ماکس: چطوری بود؟ ترسیدی؟ *مَکس: وات . واز . ایت . لایک . وُر . یُو . اِسکِیرد*

Shigeo: Oh, yeah. I was terrified! But it was really exciting.

شی‌جیو: اُ. آره. ترسیدم! اما واقعاً هیجان‌انگیز بود.

شی‌جیو: اُ . یِ .. آی . واز . تِریفاید .. بات . ایت . واز . ری‌یِلی . اِکسایتینگ.

Max: What other things have you tried?

ماکس: چه چیزهای دیگر را آزموده‌ای؟ (دیگه چی تجربه کرده‌ای؟)

ماکس: وات . آدِر . تینگز . هَو . یُو . ترایِد.

Shigeo: I used to race motorcycles before I was married. Have you ever done that?

شی‌جیو: قبل از اینکه ازدواج کنم، مسابقهٔ موتورسواری می‌دادم. تا به حال این کار را کرده‌ای؟

شی‌جیو: آی . یوزد . تُو . رِیس . موتورسایکِلز . بیفر . آی . واز . مَری‌ید . هَو . یُو . ایوِر . دان . دَت

Max: Lots of times. I still do it every chance I get. I love it. Why did you stop?

ماکس: چندین بار. هنوز هم هر فرصتی که دست دهد اینکار را (موتورسواری) می‌کنم. تو چرا ولش کردی؟

ماکس: لاتس . آو . تایمز . آی . اِستیل . دُوُ . ایت . اِوری . چَنس . آی . گِت .. آی . لاو . ایت .. وای . دید . یُو . اِستاپ

Shigeo: My wife says I might get hurt. You're still single, aren't you?

شی‌جیو: همسرم می‌گوید که ممکن است صدمه ببینم. تو هنوز مجرد هستی، درسته؟

شی‌جیو: مای . وایف . سِیز . آی . مایت . گِت . هارت .. یُوور . اِستیل . سینگِل . آرِنت . یُو

Max: No, I'm married, but my wife has a very interesting hobby. She goes bungee jumping whenever she can.

مَکس: نه، ازدواج کرده‌ام، اما همسرم یک سرگرمی جالبی دارد. هر وقت بتواند به پرش بانجی می‌رود.

مَکس: نُ . آی‌م . مَرید .. بات . مای . وایف . هز . اِ . وِری . اینتِرِستینگ . هابی .. شی . گُئز . بانجی . جامپینگ . وِن‌اِوِر . شی . کَن.

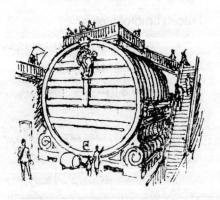

انگلیسی در سفر (کتاب دوم)

عبارتهای زیر نمونه‌ای از مکالمات مربوط به تجارب و فعالیتهای قبلی افراد را نشان می‌دهد.

◆Have you ever	tried	parachuting?
	gone	
	raced	motorcycles?

◆آیا تا به حال | چتربازی را آزموده‌ای؟
به چتربازی رفته‌ای؟
مسابقهٔ موتورسواری داده‌ای؟

◆هَو . یُو . اِوِر | تِراید | پَرَشوتینگ
| گان |
| رِیسد | موتورسایکِلز

| ◇Yes, | I've done it three times. | ◇ No, I haven't |
| | I do it all the time. | |

◇ن . آی . هَوِنت

◇نه (اینکار را) نکرده‌ام.

ENGLISH ON TRIP (PLUS)

◊ یِس. | آی‌و . دان . ایت . تِری . تایمز
آی . دو . ایت . اُل . د . تایم

◊ بلی | سه بار اینکار را کرده‌ام.
همیشه اینکار را می‌کنم.

♦ کِی؟ ♦ وِن. ♦ when?

◊ (I did it) the summer after high school.

◊ اولین تابستان پس از پایان دبیرستان (اینکار را کردم).

◊ آی . دید . ایت . دِ . سامِر . آفتِر . های . اِسکُول

◊ (I do it) every | chance I get.
weekend.

◊ هر | فرصتی که بدست بیاورم | اینکار را می‌کنم.
آخر هفته

◊ آی . دو . ایت . اِوری . | چَنس . آی . گِت .
ویکِند.

عبارتهای زیر نمونهٔ دیگری از همان مکالمات مربوط به تجارب هیجان‌انگیز است.

♦What was it like? | Were you scared?
Did you like it?

♦چطور بود؟ | ترسیدی؟
از آن خوشَت آمد؟

♦وات . واز . ایت . لایک | وِر . یُو . اِسکیِرْد
دید . یُو . لایک . ایت

What is it like? | Is it fun?
Do you like it?

وات . ایز . ایت . لایک . | ایز . ایت . فان
دُو . یُو . لایک . ایت

چطوره؟ | دلچسب و جالب است؟
ازش خوشت می‌آید؟

◊ I was terrified, but I loved it. I love it.	It was really exciting. It's really fun.
◊ آی . واز . تِریفاید . بات . آی . لاوْد . ایت آی . لاو . ایت	ایت . واز . ری‌یلی . اِکسایتینگ ایتس . ری‌یلی . فان
◊ می‌ترسیدم، ولی به آن خیلی علاقه داشتم. به آن خیلی علاقه دارم.	واقعاً هیجان‌انگیز بود. واقعاً لذت‌بخش است.

I'll never forget the time I...

هرگز آن وقت را فراموش نمی‌کنم که...

Sue: Did I ever tell you about the time I found $150?

سو: تا به حال دربارهٔ آن وقت که ۱۵۰ دلار پیدا کردم چیزی به تو گفته‌ام؟

شُو: دید . آی . ایور . تِل . یُو . اِبات . دِ . تایم . آی . فائوند . وان . هاندرِد . اَند . فیفتی . دالِرز.

Joe: No. What happened?

جو: نه. چی شد؟ *جو: نُ . وات . هَپِند.*

Sue: I was walking down the street, when I saw a wallet just lying there. I picked it up, and it had about $150 in it.

سو: در خیابان قدم می‌زدم که کیفی را دیدم که درست آنجا افتاده بود. آن را برداشتم، تویش ۱۵۰ دلار بود.

شُو: آی . واز . واکینگ . دائون . دِ . اِستریت . وِن . آی . سائو . اِ . وَلت . جاست .. لایینگ . دِیر . آی . پیکت . ایت . آپ . اَند . ایت . هَد . اِبات . وان . هاندرِد . اَند . فیفتی . دالِرز . این . ایت

Joe: What happened? Did you keep the money?

جُو: چی شد؟ پول را (برای خود) برداشتی؟ *جُو: وات . هَپِند . دید . یُو . کیپ . دِ . مانی*

Sue: No, I called the police. They came over and picked it up.

سو: نه، پلیس را خبر کردم. آنها آمدند و کیف را برداشتند.

سو: نُ . آی . کالد . دِ . پلیس . دِی . کِیم . اُوِر . اَند . پیکت . ایت . آپ

Joe: Good for you. That was really honest of you.

جو: احسن برشما. این واقعاً درستی شما را نشان می‌دهد.

جو: گُود . فُر . یُو . دَت . واز . ری‌یِلی . آنِست . آو . یُو.

Sue: I had a nice surprise three months later. The police gave me the money. They didn't find the person who lost it.

سو: سه ماه بعد یک مورد شگفت آور خوشایندی داشتم. پلیس پول را به من داد. آنها کسی را که کیف را گم کرده بود پیدا نکرده بودند.

سو: آی . هَد . اِ . نایس . سورپرایز . ثِری . مانتس . لِیتِر .. دِ . پُلیس . گِیو . می دِ . مانی .. دِی . دیدِنت . فایند . دِ . پِرسن . هُو . لاست . ایت

Joe: Well, I'll never forget the time I lost money.

جو: خوب، هرگز وقتی را که پولم را گم کردم، فراموش نمی‌کنم.

جُو: وِل . آی‌ل . نِوِر . فُرگِت . دِ . تایم . آی . لاست . مانی

Sue: Oh, no. Was it a lot? Tell me.

سو: اُ. نه. زیاد بود؟ به من بگو. (تعریف کن، ببینم.)

سو: اُ . نُ .. واز . ایت . اِ . لات .. تِل . می

Joe: I was waiting to pay for some groceries. My wallet was empty! I was sure I had a bout $100. I was really embarrassed! I went home and searched everywhere.

جُو: در (صف) انتظار پرداخت پول برای مقداری خواروبار بودم. کیفم خالی بود! مطمئن بودم که حدود صد دلار داشتم. خیلی شرمنده شدم! به خانه رفتم و همه جا را گشتم.

جو: آی . واز . وِیتینگ . تو . پِی . فُر . سام . گرُسِریز . مای . وَلِت . واز . اِمپتی . آی . واز . شور . آی . هَد . اِبات . اِ . هاندرِد . دالِرز .. آی . واز . ری‌یِلی . ایمبَرِست . آی . وِنت . هُم . آند . سِرچت . اِوْری‌وِر.

Sou: So, did you ever find it?

سُو: خوب، پیدایش کردی؟

سُو: سُ . دید . یُو . اِوِر . فایند . ایت

Joe: You won't believe it. I found it in the washing machine the next time I did laundry. I guess it was in my pants' pocket the whole time.

جُو: باور نمی‌کنی. وقتی در نوبت بعدی (با ماشین) لباس می‌شستم، آن را در ماشین لباسشویی پیدا کردم. گمان می‌کنم در این مدت توی جیب شلوارم بود.

جُو: یُو . وُنت . بیلیو . ایت .. آی . فائوند . ایت . این . دِ . واشینگ . مَشین . دِ . نِکِست . تایم . آی . دید . لاندری .. آی . گِس . ایت . واز . این . مای . پَنتس . پاکِت . دِ . هُول . تایم

برای بازگویی یک تجربه
و خاطرهٔ شخصی می‌توانید
از الگوهای زیر استفاده کنید.

| ♦Did I ever tell | you about the time I found $150? |
| Have I ever told | |

♦دید . آی . اِوِر . تِل   یو . اِبات . دِ . تایم . آی . فائوند . اِ . هاندرد . اَند . فیفتی . دالِرز.
هَو . آی . اِوِر . تُلد

♦آیا تا به حال دربارهٔ وقتی که ۱۵۰ دلار پیدا کردم چیزی به تو   گفتم؟
گفته‌ام؟

◇No. What happened?   ◇نُ . وات . هَپِند؟   ◇نه، چی شد؟

♦I was walking down the street when I saw a wallet lying there.

♦آی . واز . واکینگ . داون . دِ . اِستریت . وِن . آی . ساو . اِ . وَلِت . لاینگ . دِیر

♦در خیابان قدم می‌زدم چشمم به کیفی خورد که آنجا افتاده بود؟

◇What did you do?   ◇وات . دید . یُو . دُو   ◇چکار کردی؟

What did you think of the movie?

نظرت دربارهٔ این فیلم چیست؟

Curtis: What did you think of the movie?

کورتیس: نظرت دربارهٔ این فیلم چیست؟ *کورتیس: وات . دید . یُو . تینک . آو . دِ . مُووی*

Brenda: I thought it was great. I loved it.

برندا: به نظر من عالی بود. خیلی خوشم آمد.

برِندا: آی . تائوت . ایت . واز . گِریت . آی . لاوْد . ایت

Curtis: You did? I thought it was terrible.

کورتیس: راستی؟ (تو اینطور فکر می‌کنی؟) به نظر من خیلی بد بود.

کورتیس: یُو . دید . آی . تائوت . ایت . واز . تِریبل

Brenda: Why? What didn't you like about it?

براندا: چرا؟ از چه چیز آن خوشت نیامد؟

برِندا: وای .. وات . دیدِنت . یُو . لایک . اِبات . ایت

Curtis: For one thing, it was too violent. There was too much fighting.

کورتیس: از یک چیزش، خیلی خشن بود. زد و خوردش خیلی زیاد بود.

کورتیس: فُر . وان . تینگ . ایت . واز . تُو . وائیِلنت .. دِیر . واز . تُو . ماچ . فایتینگ.

Brenda: But, Curtis, it was a martial arts movie!

بِرندا: اما، کورتیس، این یک فیلم جنگی بود!

بِرندا: بات . کورتیس . ایت . واز . اِ . مارشال . آرتس . مُووی

Curtis: I know, but the story was silly, too.

کورتیس: می‌دانم، اما داستان فیلم هم مزخرف بود.

کورتیس: آی . نُ . بات . دِ . اِستوری . واز . سیلی . تُو.

Brenda: The stories are always silly in those movies.

بِرندا: در این فیلمها داستان همیشه مزخرف است.

بِرندا: دِ . استوریز . آر . اُل‌وِیز . سیلی . این . دُز . مُووِیز.

Curtis: Then why do you like them?

کورتیس: پس برای چه آنها را دوست داری؟ *کورتیس: دِن . وای . دُو . یُو . لایک . دِم*

Brenda: They're exciting. And I like the star.

بِرندا: آنها هیجان‌انگیز هستند و ستارهٔ این فیلم را دوست دارم.

بِرندا: دِیر . اِکسایتینگ . آند . آی . لایک . دِ . اِستار

Curtis: Yeah, but he can't act!

کورتیس: آره، اما او نمی‌تواند بازی کند! *کورتیس: یِ . بات . هی . کانت . آکت*

Brenda: He doesn't have to act. Those guys are in great condition. Really! It's almost like watching ballet!

بِرندا: مجبور نیست بازی کند. آن ستاره‌های سینما (پسرها) در وضعیت بدنی بسیار عالی هستند. راستی! دیدن اینها مانند دیدن نمایش باله است!

بِرندا: هی . دازِنت . هَو . تو . آکت .. دُوز . گایز . آر . این . گِریت . کاندیشن . ری‌یلی . ایتس . اُل‌مُست . لایک . واچینگ . بَلِت.

Curtis: I just had a great idea! His next movie should be Swan Lake!

کورتیس: یک فکر بکری به نظرم رسید! فیلم بعدی او باید بالهٔ دریاچهٔ قو، باشد!

کورتیس: آی . جاست . هَد . اِ . گِریت . آی‌دیا . هیز . نِکست . مُووِی . شُود . بی . سُوون . لِیک.

ساختارهای زیر راهنمایی خوبی برای ابزار نظر موافق و مخالف در گفتگوهای دوجانبه است.

♦ I tought it was great. I loved it.

♦ آی . تائوت . ایت . واز . گِریت . آی . لاوُد . ایت

♦ به نظرم عالی بود. من خیلی خوشم آمد.

◇ So did I.

◇ من هم همینطور

◇ سُ . دید . آی

◇ You did? I thought it was terrible.

◇ یُو . دید . آی . تائوت . ایت . واز . تِریبِل.

◇ تو اینطور فکر می‌کنی؟ به نظرم خیلی بد بود.

♦ I didn't like it at all.

♦ آی . دیدِنت . لایک . ایت . اَت . اُل.

♦ اصلاً از آن خوشم نیامد

◇ Neither did I.

◇ من هم همینطور   ◇ نیدِر . دید . آی

◇ You didn't? I loved it.

◇ یُو . دیدِنت . آی . لاؤد . ایت.

◇ خوشت نیامد؟ من خیلی خوشم آمد.

♦ I think it's great

♦ به نظرم عالی است

♦I don't like it at all. **♦اصلاً از آن خوشم نمی‌آید.** ♦*آی . دُنت . لایک . ایت . اَت . اُل* ◊Neither do I. **◊من هم همینطور.** ◊*نیدِر . دُو . آی* ◊You don't? I love it. ◊*یُو . دُنت .. آی . لاو . ایت* **◊تو خوشت نمی‌آید؟ من خیلی خوشم می‌آید.**	♦*آی . تینک . ایتس . گِریت* ◊So do I. **◊من هم همینطور.** ◊*سُ . دُو . آی* ◊You do? I think it's terrible. ◊*یُو . دُو . آی . تینک . ایتس . تِریبِل* **◊تو اینطور فکر می‌کنی؟ اما به نظرم خیلی بد است.**

برای پرسش و پاسخ دربارهٔ علت چیزی می‌توانید از ساختارهای زیر بهره بگیرید.

◆What don't / What do | you like about it?

◆وات . دُنت / وات . دُو | یُو.لایک.اِبات.ایت

◆از چه چیز آن خوشت | نمی‌آید؟ / می‌آید؟

◆Why don't / Why do | you like it?

◆وای . دُنت / وای . دُو | یو . لایک . ایت

◆چرا از آن خوشت | نمی‌آید؟ / می‌آید؟

◇It's too violent.

◇خیلی خشن است

◇ایتس. تُو. وائیلِنت

◆What didn't / What did | you like about it?

◆وات . دیدِنت / وات . دید | یُو.لایک.اِبات.ایت

◆از چه چیز آن خوشت | آمد؟ / نیامد؟

◆Why didn't / Why did | you like it?

◆وای . دیدِنت / وای . دید | یو . لایک . ایت

◆چرا از آن خوشت | نیامد؟ / آمد؟

◇It was too violent.

◇خیلی خشن بود

◇ایت. واز. تُو. وائیلِنت

◇It's exciting.	◇It was exciting
◇مهیج است.	◇مهیج بود.
◇ایتس. اِکسایتینگ	◇ایت. واز. اِکسایتینگ.
◇The story is silly.	◇The story was silly.
◇داستانش مزخرف است.	◇داستانش مزخرف بود.
◇دِ. اِستوری. ایز. سیلی	◇دِ. اِستوری. واز. سیلی
◇I like the star.	◇I liked the star.
◇از قهرمان فیلم خوشم می‌آید.	◇از قهرمان فیلم خوشم آمد.
◇آی. لایک. دِ. اِستار	◇آی. لایکت. دِ. اِستار

If you ask me...

اگر از من بپرسی...

Ana: What on earth are those kids watching?

آنا: آخه، محض رضای خدا آن بچه‌ها چه چیزی تماشا می‌کنند؟

آنا: وات . آن . ئرس . آر . دُز . کیدز . وَاچینگ

Paul: I don't know. Police Squad, I think.

پُل: نمی‌دانم. فکر می‌کنم «گروه پلیس» را.

پُل: آی . دُنت . نُ . پلیس . اِسکوَد . آی . تینک

Ana: Well, isn't there something funny on? All I can hear is guns and squealing tires and cars crashing!

آنا: خوبه والا، چیز مسخره‌ای نیست؟ تنها چیزی که می‌شنویم صدای اسلحه‌ها و ترکیدن لاستیک و برخورد و تصادف ماشینها است!

آنا: وِل . ایزِنت . دِیر . سام‌تینگ . فانی . آن .. اُل . آی . کَن . هی‌یر . ایز . گانز . اَند . اِسکوئیلینگ . تایِرز . اَند . کارز . کرَشینگ

Paul: It's just a TV show.

پُل: آن فقط یک فیلم تلویزیونی است. *پُل: ایتس . جاست . اِ . تی‌وی . شُ.*

Ana: I think police shows are too violent. The kids will grow up thinking that hurting people is OK.

پُل: به نظر من فیلمهای پلیسی بسیار خشن هستند. بچه‌هایی که با این فیلم‌ها بزرگ می‌شوند فکر می‌کنند که آزار مردم کار خوبی است.

آنا: آی . تینک . پُلیس . شُز . آر . تُو . وائِلِنت .. دِ . کیدز . ویل . گرُو . آپ . تینکینگ . دَت . هارتینگ . پیپل . ایز . اُکی

Paul: Oh, come on! I think people worry too much about TV violence. After all, you don't see our kids kicking the dog or hitting each other.

پُل: اُ، وِل کن! من فکر می‌کنم مردم دربارهٔ خشونت تلویزیونی زیادی نگرانند. از اینها گذشته، تو کِی دیدی که بچه‌های ما سگ را اُردنگی بزنند یا با همدیگر کتک کاری بکنند؟

پُل: اُ . کام . آن . آی . تینک . پیپل . وُری . تُو . ماچ . اباُت . تی‌وی . وائِلِنس . آفتِر . اُل . یُو . دُنت . سی . آوِر . کیدز . کیکینگ . دِ . داگ . اُر . هیتینگ . ایچ . آدِر

Ana No, but I see them playing war, and they all want toy guns and weapons.

آنا: نه، اما آنها را در حال جنگ بازی می‌بینم، و همه‌شان می‌خواهند تفنگ و اسلحهٔ اسباب‌بازی داشته باشند.

آنا: نُ . بات . آی . سی . دِم . پِلیینگ . وار . اَند . دِی . اُل . وانت . تُی . گانز . اَند . وِپِنز

Paul: Well, personally, I think that those silly sitcoms are pretty bad, too. The kids talk back to their parents, and they're always getting into trouble! They're not realistic at all. I don't want our kids to think those TV families are normal!

پُل: خوب، من شخصاً فکر می‌کنم که آن برنامهٔ لوده‌بازیهای (کمدیهای سبک) احمقانه هم بسیار بدند. بچه‌ها همین حرفها را به پدر و مادرشان می‌گویند و همیشه به دردسر می‌افتند! آن برنامه‌ها اصلاً واقع‌بینانه نیستند. من نمی‌خواهم بچه‌های ما فکر کنند که آن خانواده‌های نمایشی تلویزیونی، خانواده‌های واقعی (عادی) هستند!

پُل: وِل . پِرسُنالی . آی . تینک . دَت . دُز . سیلی . سیتکامز . آر . پِرتی . بَد . تُو .. دِ . کیدز . تاک . بَک . تو . دِیر . پَرِنتس . اَند . دِی‌ر . اُلویز . گِتینگ . این‌تو . ترابِل .. دی‌ر . نات . ری‌یالیستیک . اَت . اُل .. آی . دُنت . وانت . آوِر . کیدز . تو . تینک . دُز . تی‌وی . فَمیلیز . آر . نُرمال.

Ana: I know what you mean, but don't you think that violence is worse?

آنا: منظورت را درک می‌کنم، اما فکر نمی‌کنی خشونت (در مقایسه با آن) بدتر است؟

آنا: آی . نُ . وات . یُو . مین . بات . دُنت . یُو . تینک . دَت . وائِلِنس . ایز . وُرس.

برای بیان نظر موافق یا مخالف در مباحث اجتماعی می‌توانید از الگوی زیر استفاده کنید.

♦If you ask me, I think	police shows are too violent.
♦اگر از من بپرسی به نظر من	فیلمهای پلیسی بسیار خشن هستند.
♦ایف . یُو . اَسک . می آی . تینک	پُلیس . شُز . آر . تُو . وائِلِنت

◇I don't know about that.	◇I think so, too.
◇دربارهٔ آن چیزی نمی‌دانم	◇من هم همینطور فکر می‌کنم
◇آی . دُنت . نُ . اِبات . دَت	◇آی . تینک . سُ . تُو
◇I don't think so.	◇I agree (completely).
◇من اینطور فکر نمی‌کنم	◇(کاملاً) موافقم ◇آی . آگری . کامپلیتلی
◇آی . دُنت . تینک . سُ	

◊I'm with you.

◊من با تو (موافق)ام   ◊آیم . وید . یُو

◊I think they set a bad example.

◊بــه نــظـرم مـثال بـدی (نـامنـاسبت) می‌آورند.

◊آی . تینک . دِی . سِت . اِ .بَد .اِگْزَمپِل

◊Sorry, but I disagree.

◊متاسفم، ولی من مخالم

◊ساری . بات . آی . دیس .اَگری

◊I think they're fun to watch.

◊به نظرم دیدن آنها لذتبخش است.

◊آی . تینک . دِیر . فان . تو . واچ

برای لحاظ کردن نظر دیگران در بحث‌های اجتماعی از الگوی زیر استفاده کنید.

◆I think that those sitcoms are bad. They'r not realistic.

◆به نظرم آن (برنامه‌های) لوده‌بازیها (کمدیهای سبک) بد هستند. واقع‌بینانه نیستند.

◆آی. تینک. دُز. سیتکامز. آر. بَد. دِی‌ر. نات. ریالیستیک.

◇I know what you mean,	but don't you think	that violence is worse?
I see your point,	but I think	violence is worse.
You're right,		they're better than police shows.

◇ منظورت را درک می‌کنم،	اما فکر نمی‌کنی	که خشونت بدتر است؟
حرف شما را می‌فهمم،	اما فکر می‌کنم	خشونت بدتر است.
حق با شماست،		آنها بهتر از فیلمهای پلیسی هستند.

◇آی. نُ. وات. یُو. مین	بات. دُنت. یُو. تینک	دَت. وائیلِنس. ایز. وُرس
آی. سی. یُور. پُینت	بات. آی. تینک	وائیلِنس. ایز. وُرس
یُوور. رایت		دِی‌ر. بتر. دَن. پُلیس. شُز

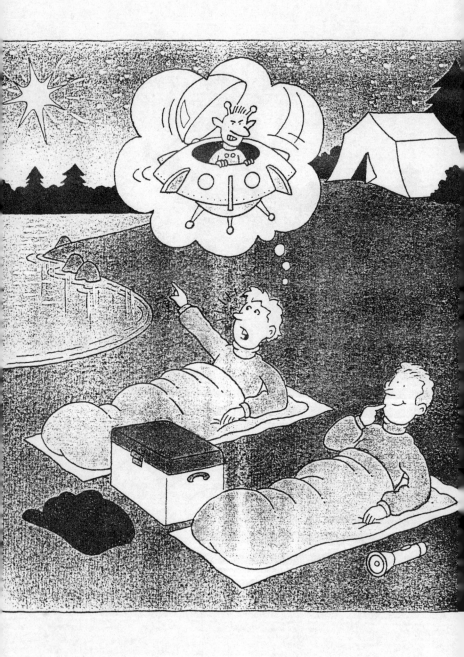

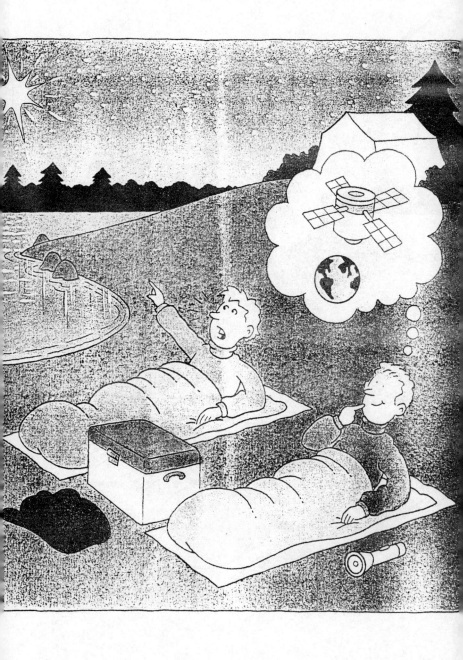

Parkview Blvd.
Worldview Travel Agency
Worldview
Ken's Cameras
Ken's
Clark's Pharmacy
Clark's
Copy & Fax Services
Eastern Rd.
Telephone Company
Citi-bank
Post Office
Gems Jewelry Store
Grant St.
Lincoln Ave.
Hairworks
News of the World
Lee Ave.
Grange Shoe Repair
John's Coffee Shop
Lincoln Dry Cleaners
Washington St.
Black's Photo Studio
MadisonAve.
Shell Bulding

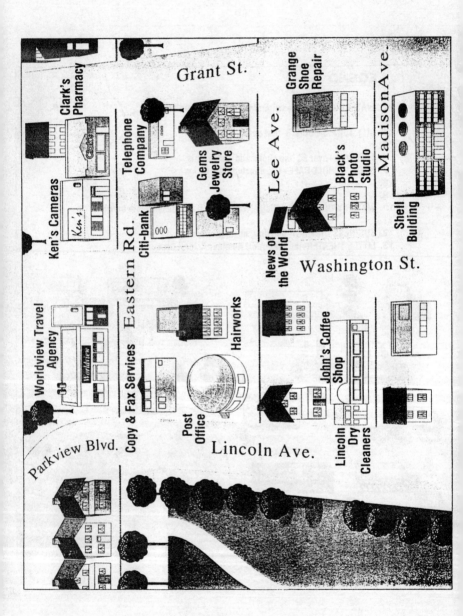

LEGEND
1.
2. WATERPORT BEACH–swimming, equipment rentals
3.
4. CITY TENNIS COURTS–first come, first served
5.
6. THE MALL–over 50 fine shops and restaurants
7. ROCK 'N' ROLL CAFE– DJ, dancing till 2:00 AM
8.
9.
10. WATER WORLD–water slides, wave pool, rides (buses every hour)
11.
12. BUSINESS DISTRICT–banking, business services
13. LITTLE THEATER–the Waterport Amateur Actors' Group
9.
10.
6.
12.
13.
8.
11.
3.
4.
5.
1.
2.

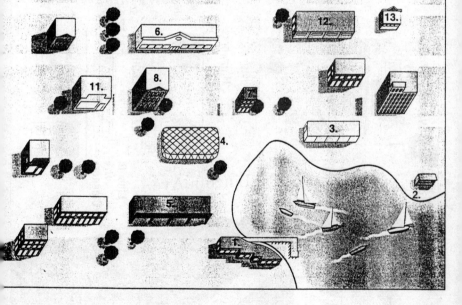

GOLF COURSE VIEW
PARK VIEW
111
112
113
114
115
ice
V
110
109
108
107
106
ice
V
105s
104s
103s
102s
101s
POOL
V = Vending machines
s = Smoking permitted
= Single room
= Double room
= Not available

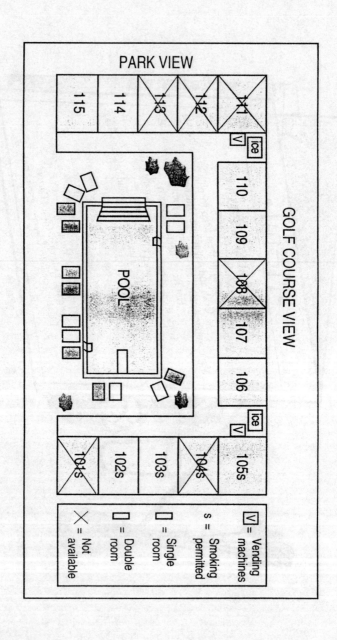

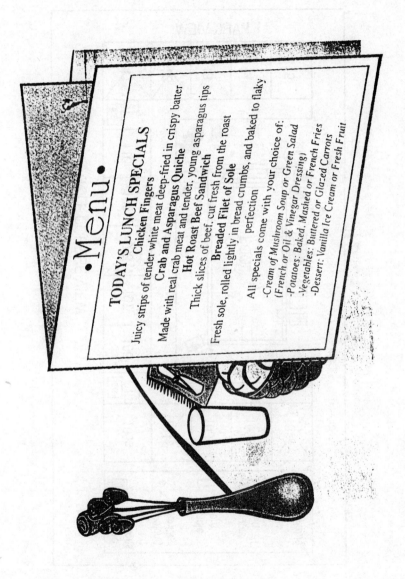

·Menu·

TODAY'S LUNCH SPECIALS

Chicken Fingers
Juicy strips of tender white meat deep-fried in crispy batter

Crab and Asparagus Quiche
Made with real crab meat and tender, young asparagus tips

Hot Roast Beef Sandwich
Thick slices of beef, cut fresh from the roast

Breaded Filet of Sole
Fresh sole, rolled lightly in bread crumbs, and baked to flaky perfection

All specials come with your choice of:

-Cream of Mushroom Soup or Green Salad
(French or Oil & Vinegar Dressing)
-Potatoes: Baked, Mashed or French Fries
-Vegetables: Buttered or Glazed Carrots
-Dessert: Vanilla Ice Cream or Fresh Fruit

MENU
ENTREES

m

NEW YORK SIRLOIN STEAK _____
broiled to sizzling perfection

HALIBUT CREOLE _____
fresh halibut cooked in a zesty
sauce of tomatoes, onions, and
green peppers

SALMON TERIYAKI
fresh Atlantic salmon with a taste
of the Orient

LOBSTER TAILS
served with melted butter,
lemon wedges and a bib

BARBECUED CHICKEN
tender breast of chicken with
our spicy barbecue sauce
from a secret family recipe

All of the above entrees are served with your choice of

Potato (__*m*__ mashed, ____ boiled or ____ baked)
Vegetable (____ broccoli, __*m*__ asparagus ____ peas & carrots)

and

Soup of the day (ask your server about today's soup)

or

Salad (____ French, ____ blue cheese or ____ oil & vinegar dressing)

Beverage (____ coffee, __*m*__ iced coffee, ____ tea or ____ iced tea)
Dessert (____ ice cream, ____ French pastry or ____ fresh fruit)

انتشارات استاندارد منتشر کرده است

آلمانی در سفر

DEUTSCH AUF DER REISE

تألیف و ترجمه: حسن اشرف‌الکتّابی به کوشش: علی‌اصغر شجاعی

این اثر ترجمه‌ای است از کتاب

«DEUTSCH AUF DER REISE»

که مطالب دیگری نیز بر آن افزوده شده است.

کتاب «آلمانی در سفر» راهنمایی است برای کلیهٔ مسافران خارج از کشور، بویژه دانشجویان عزیز که به نحوی قصد مسافرت به آلمان و یا دیگر کشورهای آلمانی زبان را دارند. در این کتاب جدیدترین کلمات، اصطلاحات و عبارات روزمره و موقعیتی آورده شده و گاه یک مورد یا موضوع، با تکیه بر جدیدترین برنامهٔ آموزشی ـ کاربردی زبان، در دو یا سه قسمت با عنوان و مطالب جدید بیان شده است. پیشنهاد می‌کنیم قبل از استفاده از این کتاب، حداقل یکبار به عناوین مطالب آن که در فهرست آمده است نگاهی گذرا بیندازید که سودمند واقع می‌شود. درضمن در فصل‌هایی از این کتاب راهنمایی‌هایی به علاقه‌مندان شده تا از نحوهٔ زندگی در کشور یا کشورهای آلمانی زبانِ موردِ بازدیدِ آشنایی بیشتری بدست آورند.

ISBN 964-91440-6-4 شابک ۴-۶-۹۱۴۴۰-۹۶۴

از مجموعهٔ نوارهای آموزش زبان

ENGLISH ON TRIP

نوار (کاست) کتاب انگلیسی در سفر

تألیف و ترجمه: حسن اشرف‌الکتّابی

انتشارات استاندارد، نوار صوتی ۱۸۰ دقیقه‌ای کتاب انگلیسی در سفر را به شما زبان آموزان مسافرتی تقدیم می‌کند. در تهیهٔ این نوار آموزشی، به تلفظ صحیح واژه‌ها، رعایت تکیه (Stress) با تکیه‌های آنها و آهنگ (Intonation) جمله‌های کتاب توجّه خاص شده است.

مرکز پخش:

پخش آوا: چهارراه پاسداران، خیابان دولت، نرسیده به چهارراه رستم‌آباد، جنب مسجد محمّدیه، تلفن: ۲۵۴۰۸۰۸

مراکز فروش:

انتشارات کلمه: روبروی در اصلی دانشگاه تهران، تلفن: ۶۴۰۸۶۰۶

انتشارات پژوهش، انتشارات فارابی، انتشارات زبانکده، انتشارات کتابکده: میدان انقلاب، روبروی سینما بهمن، بازارچه کتاب.

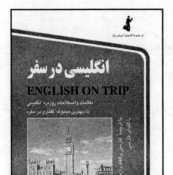
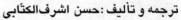
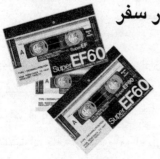

از مجموعه کتابهای آموزش زبان منتشر شده است:

۲- آلمانی در سفر

DEUTSCH AUF DER REISE

ترجمه و تألیف : حسن اشرف الکتّابی
به کوشش : علی اصغر شجاعی ارانی

کتاب " آلمانی در سفر" راهنمایی است برای کلیه مسافران خارج از کشور به ویژه دانشجویان عزیز که قصد مسافرت به آلمان و یا دیگر کشورهای آلمانی زبان را دارند. در این کتاب جدیدترین کلمات اصطلاحات و عبارات روزمره و توصیفی آورده شده است. در ضمن در فصلهایی از این کتاب راهنمایی هایی به علاقه مندان شده که از نحوه زندگی در کشور آلمان یا کشورهای آلمانی زبان آشنایی بیشتری بدست آورند.

قطع رقعی   ۲۴۰ صفحه

۳- عربی در سفر
اَلْعَرَبِیّة فی السَّفَر

ترجمه و تألیف : حسن اشرف الکتّابی
به کوشش : مراد ریاحی، مینا اشرف الکتّابی

کتاب "عربی در سفر" راهنمایی است برای کلیه مسافران عازم به کشورهای عربی زبان به ویژه مسافران خانهٔ خدا (عربستان سعودی) ، سوریه، لبنان، عراق و.... پیشنهاد می کنیم قبل از استفاده از این کتاب حداقل یکبار به عناوین مطالب کتاب که در فهرست آمده است توجّه کنید تا سودمند واقع شود. در ضمن در انتهای کتاب راهنمایی جهت سفر به حج و کشور سوریه آورده شده است.

قطع رقعی   ۲۴۰ صفحه

قطع جیبی (همراه)   ۲۵۶ صفحه

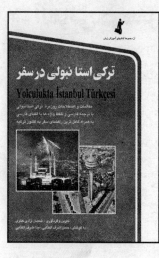
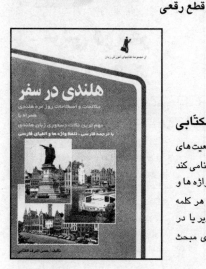